Rough Guide DIRECTIONS

Dubai

O Guia da Viagem Perfeita

ESCRITO E PESQUISADO POR

Gavin Thomas

ROUGH GUIDES

PUBLIFOLHA

Sumário

Introdução a Dubai

Dubai é um lugar único no planeta. Apontada com freqüência como a cidade que mais cresce no mundo, nas últimas quatro décadas este pequeno centro de comércio do Golfo transformou-se em um dos destinos urbanos mais glamourosos, espetaculares e futuristas do mundo, impulsionado por uma excitante mistura de petrodólares, um visionário senso comercial e pura ambição.

Cafeteiras, Ibn Battuta Mall

Em vários aspectos, a Dubai contemporânea é um louvor ao luxo consumista – um refúgio de hotéis mágicos, bares e restaurantes superlativos e extravagantes shopping centers temáticos. Se fosse menos opulenta e pródiga, poderia ser meramente de mau gosto, mas o vigor com que Dubai conduz seus planos de atrair os dólares de turistas e homens de negócios a eleva a um nível até então inédito de elegância contemporânea, evidenciado por empreendimentos estupendos como a futurista Sheikh Zayed Road, o extraordinário

Azulejos, mesquita iraniana, Bur Dubai

Quando visitar

O inverno é a melhor época para visitar Dubai, sobretudo de dezembro a fevereiro, quando a cidade apresenta um agradável clima mediterrâneo, com temperatura média diária de 20 e poucos graus centígrados – embora nesses meses a procura por hotéis e as tarifas estejam no pico. As temperaturas sobem muito de março até abril e em outubro e novembro, quando o termômetro fica acima de 30 °C regularmente, embora o calor ainda seja suportável para movimentar-se pela cidade e seus arredores.

No verão, de maio a setembro, a cidade ferve – sendo especialmente sufocante em julho e agosto –, com temperaturas médias entre 30 e poucos a 40 e alguns graus centígrados (e às vezes até mais). Embora o calor seja intenso, inclusive à noite, as tarifas da maioria dos grandes hotéis despencam em até 75%, fazendo dessa uma ótima época para usufruir o autêntico luxo de Dubai a preços relativamente acessíveis, desde que você não se importe em passar a maior parte do tempo circulando entre locais com ar-condicionado, como hotéis, shopping centers, restaurantes e clubes.

Madinat Jumeirah em estilo árabe e o belíssimo Burj Al Arab – sem mencionar os megaempreendimentos imobiliários em andamento na Dubai Marina e em outros pontos –, que atestam a determinação dos xeques no poder de tornar Dubai um dos principais destinos mundiais no século 21.

Não surpreendentemente, Dubai muitas vezes é tida como estereótipo de um fútil paraíso consumista que atrai apenas quem tem mais dinheiro do que cultura, mas esse clichê absolutamente não faz justiça aos interessantes contrastes e à rica formação cultural da cidade. Afinal, há bem mais do que butiques de estilistas e hotéis cinco-estrelas, um fato amplamente demonstrado pelo centro antigo da cidade, com seus vibrantes bairros comerciais dispostos em um labirinto desordenado de *souks* antigos, entremeados por finas casas árabes tradicionais que se enfileiram nas margens do Creek, cujas águas serenas propiciam muitas vistas inesquecíveis da cidade, assim como um elo vivo com seu passado marítimo. Aqui você também terá uma idéia mais clara da notável diversidade étnica de Dubai – um cosmopolita caldeirão cultural de raças e idiomas que faz desta uma das cidades mais genuinamente multiculturais do mundo, com ruas cheias de vendedores ambulantes indianos e paquistaneses, negociantes de ouro do oeste africano, empregadas filipinas, russos caçadores de pechinchas, locais com seus trajes longos e europeus bronzeados radicados aqui.

Em última análise, a chave do encanto de Dubai é esse maravilhoso ecletismo. Para muitos turistas a cidade inteira é apenas um pretexto para fazer compras ou deitar-se

▼ Estação Al Sabkha Abra, Deira

▲ Sheikh Zayed Road

na praia e cercar-se de mordomias. Mas por baixo da superfície Dubai revela um mundo de contrastes fascinantes, desde tradicionais cafés árabes onde se fuma narguilé até elegantes bares contemporâneos; ou desde modestas barracas de chá indianas onde há sempre um rádio ligado tocando músicas de Bollywood até clubes da moda animados por DJs internacionais. Esse tecido cultural cosmopolita, assim como as atrações turísticas cada vez mais espetaculares, estão na base do fascínio de Dubai e devem servir de parâmetro para seu desenvolvimento futuro, à medida que são implementados os planos para torná-la o principal destino turístico do mundo.

▲ Camelos na praia, Dubai Marina

▲ Jumeirah Beach Park

Dubai
EM DESTAQUE

BUR DUBAI

No lado sul do Creek, Bur Dubai é a parte mais antiga da cidade e abriga muitas das casas árabes tradicionais mais interessantes, assim como o *souk* de tecidos.

SHEIKH ZAYED ROAD

Os estonteantes arranha-céus desta via – limitada ao norte pelas faiscantes Emirates Towers e ao sul pelo Burj Dubai, que em breve será o edifício mais alto do mundo – representam o que há de mais futurista em Dubai.

▲ *Abra* no Creek, com o *souk* de tecidos ao fundo

▲ Sheikh Zayed Road

DEIRA

Ao norte do Creek, o agitado bairro de Deira é o pólo comercial mais tradicional de Dubai, incluindo os vibrantes *souks* à moda antiga.

▸ Trajes de dança do ventre, Gold Souk, Deira

Mercato

JUMEIRAH

Com dezenas de shopping centers e um punhado de locais de interesse mais simples, o espalhado bairro praiano de Jumeirah é o endereço da maioria dos europeus radicados em Dubai.

▲ Burj Al Arab e Jumeirah Beach Hotel

BURJ AL ARAB E ARREDORES

O indolente subúrbio de Umm Suqueim abriga três marcos de Dubai: o Jumeirah Beach Hotel, em forma de onda, o extraordinário complexo Madinat Jumeirah, em estilo árabe, e o inesquecível Burj Al Arab.

DUBAI MARINA

Epicentro da moderna Dubai, o recente e vasto empreendimento Dubai Marina será a próxima grande sensação da cidade, com uma série de luxuosos resorts praianos e um número extraordinário de guindastes em ação.

▲ Praia, Dubai Marina

Destaques

As seis mais

A moderna Dubai tem muitas características interessantes e seus principais marcos atuais, como as altíssimas Emirates Towers e o magnífico Burj Al Arab, fazem com que até os mais renitentes fiquem de queixo caído. Há também muitas atrações encantadoras no centro antigo da cidade, desde os tradicionais *souks* de Deira e as casas com torres de vento de Bastakia até o belo Creek.

▲ Bastakia

Bairro tradicional mais bem preservado de Dubai, tem um pequeno e fascinante labirinto de casas árabes antigas dotadas de inúmeras torres de vento.

PÁG. 52 › BUR DUBAI

▼ Souks de Deira

No coração da antiga Dubai, o bairro central de Deira abrange um longo emaranhado de bazares fascinantes, que vão das faiscantes lojas do *souk* do ouro aos perfumados corredores do *souk* de especiarias.

PÁGS. 62-7 › DEIRA

▸ Madinat Jumeirah

Impressionante imitação de uma cidade árabe, abriga uma série de hotéis atraentes e estruturas de lazer – o exemplo mais vivo do kitsch opulento de Dubai em escala épica.

PÁG. 118 ▸ BURJ AL ARAB E ARREDORES

◂ Emirates Towers

Este par deslumbrante de maravilhas modernistas de topo triangular se ergue acima da futurista Sheikh Zayed Road.

PÁG. 93 ▸ SHEIKH ZAYED ROAD

▾ Burj Al Arab

Um dos edifícios contemporâneos mais prontamente reconhecíveis do mundo, este hotel maravilhoso em forma de uma vela ao vento se ergue graciosamente acima da costa ao sul de Dubai, sendo seu marco mais emblemático.

PÁG. 114 ▸ BURJ AL ARAB E ARREDORES

▾ O Creek

Atravessando o coração da velha Dubai, as águas tranqüilas deste rio propiciam algumas das vistas mais memoráveis da cidade e um respiro bem-vindo das agitadas ruas centrais.

PÁG. 49 ▸ BUR DUBAI

Dubai antiga

Apesar da corrida impetuosa da Dubai contemporânea rumo à modernidade, esforços sérios de preservação têm conseguido salvar partes significativas do antigo legado arquitetônico da cidade da sanha das incorporadoras imobiliárias. Essas áreas dão aos turistas uma visão absorvente sobre a vida local antes do advento dos hotéis cinco-estrelas e shopping centers. A maioria dos edifícios antigos da cidade se encontra junto ou próxima ao Creek, nos bairros centrais de Bur Dubai e Deira, ao passo que flotilhas de tradicionais barcos *dhows* e *abras* que ainda navegam no Creek evocam tempos passados.

▲ Mesquita Jumeirah

A mais impressionante das numerosas mesquitas de Dubai ergue-se imponentemente acima dos subúrbios pardacentos ao norte de Jumeirah. Três vezes por semana é aberta a turistas durante passeios guiados.

PÁG. 106 ▸ JUMEIRAH

▲ Al Ahmadiya School e Casa do Legado, Deira

Atrás do Gold Souk, este interessante par de museus próximos tem mostras esclarecedoras sobre a vida doméstica e acadêmica na Dubai do início do século 20.

PÁGS. 68-9 ▸ DEIRA

▲ Dhow Wharfage

Abriga centenas de belos *dhows* antigos ancorados ao longo do Creek em Deira – um dos locais mais incongruentes e mágicos do centro de Dubai.

PÁG. 67 ▸ DEIRA

▶ Majlis Ghorfat Um Al Sheef

Escondida em um prosaico subúrbio ao sul da cidade, esta pequena *majlis* (assembléia legislativa) tradicional evoca docemente a vida em Dubai antes da expansão petrolífera.

PÁG. 110 ▸ JUMEIRAH

▼ Casa do Xeque Saeed Al Maktoum

A mais fina casa tradicional de Dubai foi residência da poderosa família Maktoum. Hoje abriga uma interessante coleção de fotos antigas da cidade.

PÁG. 55 ▸ BUR DUBAI

Souks

A essência cultural da Dubai tradicional reside em seus antigos e pitorescos *souks*, uma prova viva da longa história da cidade como um dos principais centros de comércio do sul do Golfo e ainda hoje um elemento importante de sua vida econômica. A maioria deles fica no vibrante bairro de Deira, onde os *souks* de ouro, especiarias, perfumes e alimentos se apinham perto da ponta da península.

▲ Textile Souk

Coração tradicional de Bur Dubai, o espalhado *souk* dos tecidos esbanja um ar dos tempos antigos e uma profusão de tecidos e roupas baratos.

PÁG. 47 › BUR DUBAI

▲ Spice Souk

O *souk* de especiarias, o mais climático e antigo dos muitos *souks* de Deira, tem passagens estreitas repletas de produtos à base de especiarias aromáticas, de incensos a chá de pétalas de rosa.

PÁG. 65 › DEIRA

Mercado de peixes, carnes e legumes

Curioso *souk* diário, tem pilhas imensas de frutas, legumes e utensílios domésticos, além de peças sangrentas de carne e uma ampla variedade de frutos-do-mar do Golfo que vão de sardinhas a tubarões.

PÁG. 70 ▸ DEIRA

Souk Madinat Jumeirah

Maravilhoso *souk* moderno em estilo árabe tradicional, fica no centro do complexo Madinat Jumeirah.

PÁG. 121 ▸ BURJ AL ARAB E ARREDORES

Gold Souk

Aqui tudo reluz e é ouro. Este famoso *souk* de Deira é um dos lugares mais baratos do mundo para comprar jóias de ouro, desde intricadas peças árabes tradicionais até elegantes designs contemporâneos.

PÁG. 62 ▸ DEIRA

Dubai futurista

Kitsch, peculiar, exagerada e freqüentemente estupenda, a moderna Dubai tem vários marcos arquitetônicos contemporâneos que mostram seu lado mais futurista. Muitos, porém, também evocam seu passado marítimo, com uma predominância de construções em forma de vela, a exemplo do Dubai Creek Golf Club, do National Bank of Dubai e do inimitável Burj Al Arab.

▲ Burj Al Arab

O ícone mais modernista de Dubai destaca-se em meio à profusão de criações arquitetônicas inspiradas na forma da vela marítima.

PÁG. 114 ▸ BURJ AL ARAB E ARREDORES

▼ National Bank of Dubai

Erguendo-se acima do Creek, a fachada de vidro em forma de vela deste banco no centro de Dubai é uma homenagem às tradições marítimas locais. O efeito é ainda mais memorável ao entardecer, quando o poente faz com que a fachada inteira se transforme em um imenso paredão brilhante refletindo a luz.

PÁG. 70 ▸ DEIRA

▲ Jumeirah Beach Hotel

Elevando-se bem acima da praia ao sul de Dubai, este hotel originalíssimo em forma de onda continua sendo um dos marcos mais famosos da cidade.

PÁG. 117 › BURJ AL ARAB E ARREDORES

▼ Dubai Creek Golf Club

Sucedâneo local da Sydney Opera House, o inusitado clube de golfe em forma de vela é um dos locais mais facilmente reconhecíveis da cidade.

PÁG. 78 › SUBÚRBIOS

▲ Sheikh Zayed Road

Emblema mais futurista de Dubai, os arranha-céus desta avenida funcionam como um compêndio de design arquitetônico contemporâneo, que inclui desde maravilhas inquestionáveis até bizarrices irrefutáveis.

PÁG. 92 › SHEIKH ZAYED ROAD

Sharjah

Na costa, a apenas 10 km do centro de Dubai, a conservadora Sharjah contrasta bastante com sua vizinha glamourosa e emancipada. As leis puritanas do emirado não seduzem muitos turistas, mas a cidade compensa isso com alguns museus excelentes que abordam todos os aspectos da arte e da cultura islâmica tradicional. Há outras atrações no excelente museu de arte e no pitoresco Forte Al Hisn, enquanto aficionados por tapetes irão se sentir no céu no imenso Blue Souk, onde há uma das melhores e mais baratas seleções de finos tapetes e kilims feitos a mão no país.

Souk Al Arsah

O mais belo *souk* de Sharjah e talvez até do país, seu pequeno labirinto de corredores é apinhado de atraentes lojas de artesanato e tapetes.

PÁG. 143 ▸ SHARJAH

Forte Al Hisn

Pitoresco forte tradicional no centro da parte contemporânea de Sharjah, abriga mostras interessantes sobre a vida cotidiana no emirado.

PÁG. 139 ▸ SHARJAH

▲ Blue Souk

Imenso *souk* moderno em uma edificação de inspiração árabe, tem uma ampla variedade de lojas, incluindo muitas de tapetes com preços baratíssimos para o padrão dos Emirados Árabes Unidos (EAU).

PÁG. 145 ▸ SHARJAH

▼ Museu Islâmico

Um dos melhores museus dos EAU, conta com um acervo excelente de artefatos do mundo islâmico.

PÁG. 141 ▸ SHARJAH

▲ Bait Al Naboodah

Charmosa casa tradicional que abriga mostras que recriam a vida no emirado no início do século 20.

PÁG. 142 ▸ SHARJAH

Al Ain

Única cidade grande no interior dos EAU, a calma Al Ain é ideal para observar o modo de vida no restante do país e se isolar das multidões da agitada Dubai. Construída em torno de um pequeno oásis idílico, a cidade tem diversas atrações, desde a substanciosa comida local até uma série de antigos fortes e outros vestígios arqueológicos. Serve também de base para atravessar a fronteira e visitar a cidade de Buraimi, em Omã.

Museu de Al Ain

Interessante museu voltado à vida em Al Ain e no emirado de Abu Dhabi em tempos passados, incluindo notáveis mostras arqueológicas.

PÁG. 149 › AL AIN

Oásis Al Ain

Retiro idílico do calor e da poeira de Al Ain, tem caminhos tranqüilos para pedestres em meio a sombreadas plantações de tamareiras.

PÁG. 151 › AL AIN

▶ Al Ain Souk

Curioso mercado que atrai uma freqüência cosmopolita, variando de donos de barracas indianos a mulheres beduínas locais.

PÁG. 151 ▸ AL AIN

▲ Forte Al Khandaq

Em Buraimi, este forte de Omã belamente restaurado exibe elaborados bastiães, torres e ameias com delicados entalhes.

PÁG. 152 ▸ AL AIN

◀ Mercado de gado

O mercado rústico de animais atrai multidões locais que negociam de galinhas a vacas.

PÁG. 150 ▸ AL AIN

◀ Forte Sultan Bin Zayed

Ligado ao Museu de Al Ain e famoso como local de nascimento do querido xeque Zayed, este pitoresco forte de adobe abriga uma interessante coleção de fotografias do emirado de Abu Dhabi.

PÁG. 150 ▸ AL AIN

Hotéis de luxo

Dubai tem alguns dos hotéis mais estupendos do planeta, desde o futurista Burj Al Arab – o primeiro “sete-estrelas” do mundo – até tradicionais palácios em estilo árabe, como o Al Qsar e o One&Only Royal Mirage. Em termos de conforto personalizado, todos os grandes hotéis da cidade têm como padrão um luxo estupendo, com suítes suntuosas, tratamentos de spa, bares espetaculares e maravilhosas praias privadas. Seu tamanho e seu estilo os tornam verdadeiras atrações turísticas. É possível passar dias a fio nessas ilhas autônomas de mordomia absoluta sem sentir a menor vontade de sair.

▲ **One&Only Royal Mirage**

O mais charmoso e intimista dos hotéis de temática árabe de Dubai tem decoração mourisca e instalações magníficas, desde pátios tradicionais onde se fuma narguilé até um dos clubes noturnos mais belos da cidade.

PÁG. 179 › DUBAI MARINA

Burj Al Arab

Uma estada no maior ícone arquitetônico de Dubai – que se autoproclama "sete-estrelas"– não é barata, mas de fato oferece o máximo em termos de luxo contemporâneo, de mordomos pessoais a helicópteros privados.

PÁGS. 114 e 177 ▸ BURJ AL ARAB E ARREDORES

Al Qasr

Palácio em estilo árabe cuja opulência beira as raias do absurdo, fica no centro do estupendo empreendimento imobiliário Madinat Jumeirah.

PÁG. 178 ▸ BURJ AL ARAB E ARREDORES

Grosvenor House

Hotel chique em um prédio alto, esbanja elegância urbana contemporânea e tem alguns dos melhores bares e restaurantes ao sul de Dubai.

PÁG. 178 ▸ DUBAI MARINA

Park Hyatt

Este hotel sereno em estilo marroquino fica em um lindo cenário ao lado do Creek, em meio aos campos verdejantes do Dubai Creek Golf Club.

PÁG. 174 ▸ SUBÚRBIOS

Restaurantes do Oriente Médio

A cozinha do Oriente Médio (sobretudo a libanesa) ocupa papel de destaque no cenário gastronômico de Dubai. Restaurantes por toda a cidade – de barracas de *shwarma* nas ruas a estabelecimentos em hotéis luxuosos com bandas ao vivo e dança do ventre – oferecem suas versões de pratos clássicos da região. Isso inclui uma grande variedade de saborosos antepastos *mezze* e delicados *kebabs* grelhados, além do narguilé preparado com boas *shishas* (tabaco com frutas). A cozinha iraniana também é popular, enquanto a do norte da África é representada por alguns excelentes locais marroquinos que servem suntuosos *tagines* e a tradicional torta de pombo.

▲ Shahrzad

A melhor comida iraniana da cidade é servida em um lindo cenário romântico que evoca as *1001 Noites*.

PÁG. 75 › DEIRA

▲ Tagine

O mais belo restaurante marroquino de Dubai tem comida à altura, da torta de pombo a saborosos tagines.

PÁG. 136 ▸ DUBAI MARINA

▲ Kan Zaman

Em um cenário arejado junto ao Creek, este local despretensioso é freqüentado pelos locais devido à excelente comida do Oriente Médio, aos narguilés e aos preços baratos.

PÁG. 60 ▸ BUR DUBAI

▼ Al Nafoorah

Restaurante formal nas Emirates Towers, sua cozinha do Oriente Médio é tida como a melhor da cidade.

PÁG. 101 ▸ SHEIKH ZAYED ROAD

▼ Bastakiah Nights

Elegantes pratos do Oriente Médio e cenário extremamente romântico em um antigo prédio na área de Bastakia.

PÁG. 61 ▸ BUR DUBAI

Restaurantes internacionais

Dubai tem ótimos restaurantes internacionais, dos quais os melhores são uma verdadeira festa para os sentidos, com alta gastronomia servida em alguns dos locais mais mágicos da cidade, incluindo o topo de arranha-céus na Sheikh Zayed Road e espaços idílicos repletos de palmeiras nos hotéis praianos ao sul da cidade. As cozinhas italiana, tailandesa, japonesa, chinesa e indiana são as mais populares, embora haja finos restaurantes europeus, como o superlativo Verre, que é uma contribuição de peso para a crescente excelência culinária de Dubai.

▲ Thai Kitchen

Ao lado do Creek, este restaurante idílico serve boa cozinha tailandesa tradicional em porções pequenas no estilo dos *mezze*.

PÁG. 90 ▸ SUBÚRBIOS

▼ Verre

Melhor restaurante de Dubai, este templo da boa mesa capitaneado por Gordon Ramsay continua reinando absoluto na cena gastronômica local.

PÁG. 75 ▸ DEIRA

▲ **Nina's**

Dá um toque contemporâneo maravilhosamente fresco, leve e inovador a pratos clássicos e sabores da Índia.

PÁG. 135 ▸ DUBAI MARINA

▼ **Eauzone**

Possivelmente o restaurante mais romântico de Dubai, fica em pavilhões com tendas em meio a lagos iluminados por holofotes e jardins com palmeiras do hotel One&Only Royal Mirage.

PÁG. 134 ▸ DUBAI MARINA

◀ **Zheng He**

Sofisticada cozinha chinesa tradicional e contemporânea em um cenário belíssimo do lado oposto ao Burj Al Arab.

PÁG. 123 ▸ BURJ AL ARAB E ARREDORES

Cafés e restaurantes baratos

Em Dubai a comida não se limita a restaurantes em hotéis cinco-estrelas. Algumas das experiências gastronômicas mais memoráveis na cidade saem por alguns dólares ou até menos. Há numerosas casas de curry indianas e paquistanesas na área central, muitas com comida excelente, assim como restaurantes de comida do Oriente Médio, de barracas de rua de *shwarma* a animados estabelecimentos que servem ótimos *mezze* e *kebabs*. Quem não aprecia essas opções pode contar com uma infinidade de cafés e restaurantes despretensiosos por toda a cidade, desde cafés europeus até locais simples especializados em talharim, com preços muito baratos.

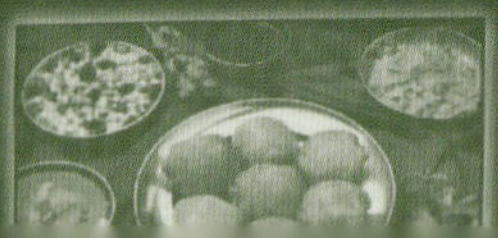

▲ The Noodle House

Restaurante arejado, prático e animado, serve excelente comida do Sudeste Asiático a preços moderados e em longas mesas comunitárias.

PÁG. 101 ▸ SHEIKH ZAYED ROAD

▼ Lime Tree Café

Típico ponto de encontro na Jumeirah Road, atrai uma clientela fiel de mulheres de estrangeiros que passam horas entretidas com os sanduíches excelentes, tomando café e conversando.

PÁG. 112 ▸ JUMEIRAH

▶ Yakitori

Pequeno restaurante bem peculiar, parece um pedaço de Tóquio em plena Dubai e oferece excelente comida japonesa a preços baixos.

PÁG. 61 ▸ BUR DUBAI

◀ XVA Café

Pratos de influência árabe rápidos, saborosos e baratos no pátio de uma maravilhosa casa antiga na área de Bastakia.

PÁG. 60 ▸ BUR DUBAI

▼ India House

Clássica casa de curry em Bur Dubai, tem saborosas opções vegetarianas a preços competitivos.

PÁG. 59 ▸ BUR DUBAI

▼ Beirut

Clássico café de *shwarma* na Al Diyafah Road, tem um terraço onde você pode saborear um kebab e apreciar o movimento noturno na área.

PÁG. 86 ▸ SUBÚRBIOS

Bebida

Em Dubai você não passa sede e o elevado número de bares atesta o extraordinário grau de aceitação desta cidade muçulmana em relação a hábitos culturais diferentes. Os melhores bares mostram o que a cidade tem de mais divertido, opulento e teatral, independentemente de você preferir se recostar em almofadas em locais de decoração árabe ao ar livre ou tomar champanhe em elegantes bares contemporâneos. Em geral, esses ambientes também têm vistas estupendas.

▲ Bar 44

No 44º andar do maravilhoso hotel Grosvenor House, este elegante bar contemporâneo tem vistas incomparáveis dos vastos empreendimentos imobiliários na área da Dubai Marina.

PÁG. 137 ▸ DUBAI MARINA

▼ Vu's Bar

Bar contemporâneo chique e o mais alto de Dubai, fica no 51º andar das Emirates Towers, descortinando vistas estupendas da cidade abaixo.

PÁG. 105 ▸ SHEIKH ZAYED ROAD

▶ Rooftop

Na cobertura do belo hotel One&Only Royal Mirage, este é um dos bares mais românticos da cidade, com bela decoração em estilo árabe e trilha sonora suave a cargo do DJ residente.

PÁG. 137 ▸ DUBAI MARINA

▲ Koubba

Elegante bar em estilo árabe, fica em um terraço com vistas inesquecíveis do Madinat Jumeirah e do Burj Al Arab.

PÁG. 125 ▸ BURJ AL ARAB E ARREDORES

▼ Buddha Bar

Projetado de forma similar a seu congênere parisiense, este excelente bar e restaurante com charme pseudo-oriental serve excelente cozinha pan-asiática e drinques sofisticados.

PÁG. 134 ▸ DUBAI MARINA

▼ 360º

Sedutor bar contemporâneo na ponta de um quebra-mar com vista para o Burj Al Arab e o Jumeirah Beach Hotel, tem uma clientela jovem e elegante movida a drinques, narguilés e sons do DJ residente.

PÁG. 124 ▸ BURJ AL ARAB E ARREDORES

Shopping centers

Dubai tem grandes shopping centers. Equivalentes modernos dos tradicionais cafés e *souks* árabes, os shoppings da cidade são como ímãs para os locais, que circulam pelas lojas e conversam com os amigos tomando café como é costume há séculos, embora hoje a Starbucks tenha tomado o lugar das rodas de narguilé. A seriedade com que Dubai encara o consumo também é evidente no esplendor de muitos shoppings, alguns dos quais viraram atrações turísticas. A terapia das compras engloba desde uma impressionante variedade de lojas e supermercados baratos até lojas exclusivas de grandes estilistas.

▲ Mall of the Emirates

Pelo menos por ora, o maior shopping center de Dubai tem uma imensa variedade de lojas de primeira classe em um cenário levemente surreal perto do Ski Dubai, imenso centro coberto de esqui na neve.

PÁG. 121 ▸ BURJ AL ARAB E ARREDORES

▲ Wafi City Mall

Shopping center e complexo de lazer em estilo egípcio, tem obeliscos, uma infinidade de hieróglifos e imensas estátuas faraônicas, além de muitas lojas sofisticadas e locais onde comer e beber.

PÁG. 85 ▸ SUBÚRBIOS

▲ BurJuman

Melhor shopping no centro de Dubai, este local imenso e moderno tem ampla variedade de lojas, desde algumas de produtos e preços acessíveis até outras muito chiques de estilistas contemporâneos.

PÁG. 57 › BUR DUBAI

▼ Mercato Shopping Mall

Shopping surreal em estilo italiano, abriga lojas sofisticadas no cenário kitsch de uma minicidade florentino-veneziana.

PÁG. 107 › JUMEIRAH

▲ Ibn Battuta Mall

Rei do varejo kitsch de Dubai, este shopping com 1 km de extensão é inspirado nas viagens do famoso explorador marroquino Ibn Battuta e tem sete seções temáticas de regiões que variam da Andaluzia à Índia.

PÁG. 133 › DUBAI MARINA

Compras

Grifes internacionais – de Marks & Spencer a Armani – podem abocanhar parte do comércio varejista da cidade, mas encontram-se muitos suvenires genuinamente árabes durante uma visita a Dubai. Tapetes são uma ótima pedida, com uma infinidade de opções e preços excelentes para quem procura bem, mas há muitas outras especialidades locais, de autênticas peças antigas de prata de Omã a suvenires absurdamente kitsch – sem mencionar a imensa quantidade de roupas, relógios e outros acessórios falsificados que dão fama à cidade.

▲ Tapetes e kilims

Dubai é um dos melhores lugares do mundo para comprar tapetes e kilims, com inúmeras lojas de tapetes de toda a Ásia, incluindo preciosidades persas dignas de museu, tapetes baratos de orações e kilims (como os da foto acima, da loja Al Orooba).

PÁG. 58 ▸ BUR DUBAI

▼ Produtos falsificados

Se você quer produtos de grife sem ir à falência, Dubai é ideal para obter cópias quase perfeitas de relógios, bolsas e outros acessórios a preços bem abaixo dos originais, assim como réplicas de roupas de estilistas.

PÁG. 63 ▸ DEIRA

Ouro e pedras preciosas

Dubai é um paraíso para aficionados por ouro, com o precioso metal vendido a preços muito mais baixos do que na maior parte do mundo. O comércio de pedras preciosas também é forte, sobretudo de diamantes a preços excelentes.

PÁG. 63 ▸ DEIRA

Suvenires kitsch

Camelos de brinquedo, pesos para papel em forma do Burj Al Arab ou miniaturas de louça de árabes de cara fechada – Dubai tem praticamente tudo o que você imaginar. Em Karama há lojas com divertidos itens colecionáveis.

PÁG. 84 ▸ SUBÚRBIOS

Antiguidades árabes

Procurando bem em meio às quinquilharias, você acha antiguidades de excelente qualidade, incluindo lindas jóias de prata e *khanjars* (adagas cerimoniais) de Omã (como as da foto acima, do Souk Al Arsah, em Sharjah).

PÁG. 143 ▸ SHARJAH

Esportes

Aparentemente, esportes e Dubai não combinam, devido ao clima, à cultura e à localização do emirado, mas um dos planos de longo prazo da cidade é criar uma série de eventos esportivos de grande porte para captar o mercado de turismo mundial. Seus prestigiosos torneios de tênis e golfe atraem nomes internacionais, incluindo Roger Federer (que usou a cidade como campo de treinamento no inverno), Tiger Woods (que está projetando um campo de golfe aqui) e David Beckham (que traz sua mulher para fazer compras), ao passo que o popular torneio de rúgbi e a corrida de cavalos mais rica do mundo dão mais peso à florescente reputação esportiva da cidade.

▲ Dubai Rugby Sevens

Torneio internacional extremamente popular, atrai algumas das melhores equipes do mundo e serve de pretexto para as festas mais badaladas de Dubai.

PÁG. 191 ▸ DICAS DE VIAGEM

▲ Dubai World Cup

A corrida de cavalos mais rica do mundo oferece um prêmio em dinheiro de US$ 6 milhões.

PÁG. 191 ▸ DICAS DE VIAGEM

▲ **Dubai Desert Classic**

Prestigioso e lucrativo torneio europeu, é realizado no Emirates Golf Club, perto da Dubai Marina.

PÁG. 191 ▸ DICAS DE VIAGEM

▶ **Dubai Duty Free Tennis Open**

Os principais astros e estrelas mundiais do tênis disputam as partidas em Garhoud.

PÁG. 191 ▸ DICAS DE VIAGEM

▼ **Dubai Desert Challenge**

Os melhores automobilistas e motociclistas de rally vêm a Dubai para competir na travessia do deserto.

PÁG. 191 ▸ DICAS DE VIAGEM

Dubai nas águas

Nem tudo é deserto em Dubai – na verdade, a cidade sempre esteve mais ligada ao mar do que às areias do interior. Para sentir o gosto das seculares tradições marítimas de Dubai, faça um passeio no Creek a bordo de um táxi aquático (*abra*) ou uma travessia noturna em um antigo barco *dhow*. Caso prefira entrar literalmente na água, há muitas chances de nadar e mergulhar em ambas as costas dos EAU.

▲ Passeios de abra

Esqueça o luxo cinco-estrelas e os apelos de design, pois o passeio barato no Creek em um antigo *abra* é a experiência mais genuína de Dubai, com direito a lindas vistas do Creekside e à sensação de como era a cidade no passado.

PÁG. 51 ▸ BUR DUBAI

▼ Wild Wadi Waterpark

Jogue água para todo lado em tubos infláveis, deslize em tobogãs aquáticos com canais com jatos d'água ou revire o estômago no Jumeirah Sceirah neste espetacular parque aquático.

PÁG. 117 ▸ BURJ AL ARAB E ARREDORES

▲ Travessia do Creek

Passeie pelo Creek jantando e admirando as luzes noturnas da cidade a bordo de um belo barco *dhow* antigo.

PÁG. 188 ▸ DICAS DE VIAGEM

▼ Mergulho

Explore o espetacular ambiente submarino do Golfo, cuja beleza atinge o ponto máximo na costa leste do emirado de Fujairah.

PÁG. 191 ▸ DICAS DE VIAGEM

Deserto

Ir ao deserto provavelmente deve ser uma das prioridades de sua agenda ao visitar Dubai – e não faltam oportunidades de encher suas botas de areia nos belíssimos arredores desérticos da cidade. A maioria das idas ao deserto se limita aos populares safáris que duram meio dia e são programados por muitas operadoras de turismo de Dubai. Mas há outras opções de passeios em áreas com rios, de caminhadas em montanhas ou mesmo de estadas mais amenas no deserto em um dos dois luxuosos acampamentos no emirado.

▲ **Safáris no deserto**

Sacoleje nas dunas, teste sua habilidade no esqui na areia ou na moto de quatro rodas e depois descanse fumando narguilé e apreciando a dança do ventre.

PÁG. 186 › DICAS DE VIAGEM

◀ Corridas de camelos

Visite a pista de corrida de Nad Al Sheba, um dos lugares mais evocativos de Dubai, para ver dezenas de camelos galopando nas areias sob o incentivo de criadores de dromedário locais.

PÁG. 95 ▸ SHEIKH ZAYED ROAD

▶ Passeios nas dunas

O máximo em emoções no deserto. Embarque num 4x4 e agüente os sacolejos em alta velocidade nas dunas ou alugue um 4x4 e aventure-se sozinho.

PÁG. 186 ▸ DICAS DE VIAGEM

▼ Resorts Bab Al Shams e Al Maha

Dois elegantes resorts no deserto que aliam luxo cinco-estrelas a uma vivência real em meio às areias.

PÁG. 180 ▸ HOSPEDAGEM

◀ Adrenalina no deserto

Experimente esquiar na areia, andar de buggy nas dunas, montar em um camelo ou caçar com falcões, mas não esqueça o protetor solar.

PÁG. 188 ▸ DICAS DE VIAGEM

A Dubai futura

Se você acha que Dubai já tem tudo, reflita melhor. Na próxima década, uma série de empreendimentos imobiliários deixará o lugar irreconhecível e, conforme pretendido, irá torná-lo um dos principais destinos turísticos do planeta. O prédio mais alto do mundo – o Burj Dubai – e o primeiro hotel subaquático de luxo estão quase concluídos, enquanto uma seqüência de grandes ilhas artificiais, que abrigarão inúmeros hotéis e estruturas de lazer, e um avançado sistema de metrô também estão em andamento. Para completar, há também o maior parque temático do mundo. Fique de olho neste lugar.

▲ Dubailand

Projeto altamente arrojado, este vasto parque temático – com uma área do tamanho de Cingapura – será a jóia da coroa da cidade no século 21, com atrações como estádios esportivos de última geração, dinossauros em animatronic e reproduções em tamanho natural das antigas maravilhas do mundo.

PÁG. 97 ▸ SHEIKH ZAYED ROAD

▲ Burj Dubai

O edifício mais alto do mundo já tinha mais de cem andares quando este guia foi publicado, mas sua altura final continua mantida em segredo. A torre abrigará o primeiro hotel Armani e será o elemento central de um imenso projeto residencial e varejista na ponta sul da Sheikh Zayed Road.

PÁG. 96 ▸ SHEIKH ZAYED ROAD

▶ The World

Quase concluído, este novo complexo de ilhas artificiais construídas em forma de um mapa-múndi só podia mesmo ser concebido em Dubai. Se você duvida, olhe pela janela do avião.

PÁG. 128 ▸ DUBAI MARINA

▲ The Palm, Jebel Ali e The Palm, Deira

Estas duas imensas ilhas artificiais em forma de palmeira, que complementarão o recém-aberto Palm Jumeirah, deverão abrigar hotéis de luxo e estruturas de lazer.

PÁG. 128 ▸ DUBAI MARINA

▼ Hydropolis

No primeiro hotel subaquático de luxo do mundo os hóspedes – obviamente milionários – poderão até dormir ao lado dos peixes.

PÁG. 131 ▸ DUBAI MARINA

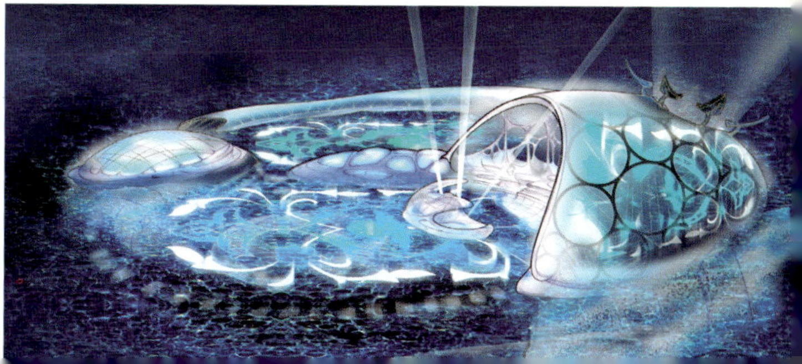

Área por área

Bur Dubai

Estendendo-se pelo sul do Creek, o bairro de Bur Dubai é o mais antigo da cidade e contém todos os elementos que entraram na composição do cosmopolita tecido cultural de Dubai. Isso inclui tradicionais mesquitas árabes, casas emirenses, modernas faixas de lojas com letreiros de néon e repletas de eletrônicos, computadores e relógios de grife, assim como inúmeras casas de curry muito simples que atendem à população predominantemente indiana e paquistanesa do bairro, tudo contribuindo para o tom étnico da área. Em seu centro fica o antigo Textile Souk, principal ponto de referência de Bur Dubai e limitado ao norte pelas áreas de comércio mais modernas em torno da Al Fahidi Street e da Khalid Bin Al Waleed Road. Em meio a uma infinidade de lojas, há encantadoras atrações, como o excelente Dubai Museum, o histórico bairro antigo de Bastakia e um punhado de outras edificações tradicionais – com destaque para a Sheikh Saeed Heritage House e a Heritage Village, que são parte de uma série de antigas edificações emirenses reconstruídas que se estendem ao longo do Creek na orla oeste do bairro, na área de Shindagha.

Textile Souk

A maioria das lojas abre das 10h às 22h, mas muitas fecham entre 13h e 16h. No centro de Bur Dubai, o *souk* dos tecidos (também conhecido como Old Souk) ocupa um bazar tradicional em estilo emirense impecavelmente restaurado, com uma longa fileira de atraentes edificações de pedra

▼ O CREEK, LADO DE BUR DUBAI

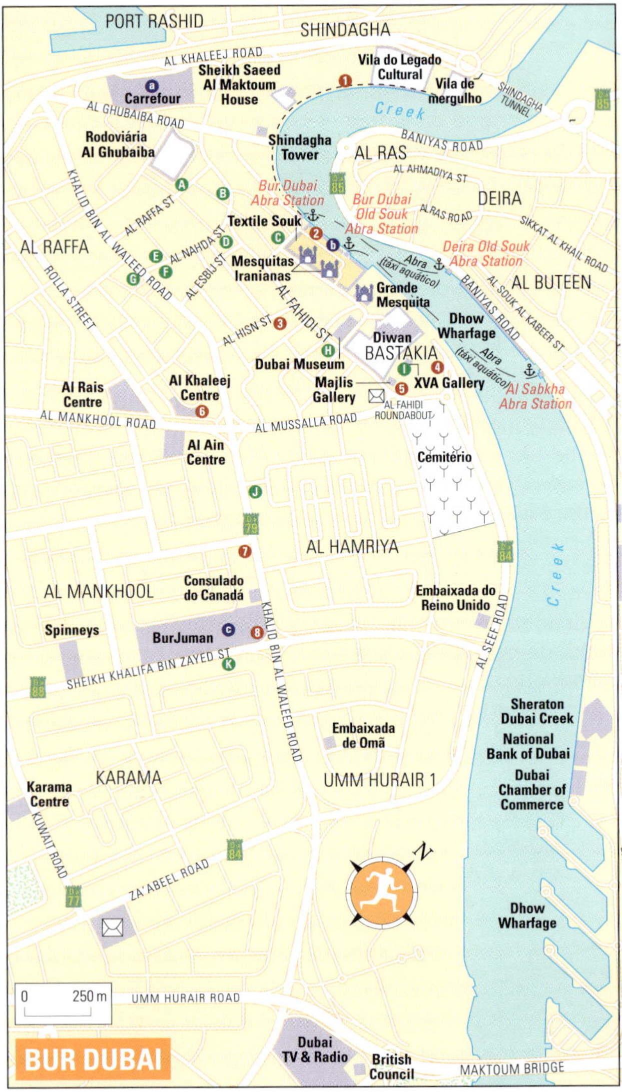

HOSPEDAGEM
- Admiral Plaza — E
- Ambassador — B
- Arabian Courtyard — H
- Astoria — D
- Dallas Hotel — F
- Four Points Sheraton — J
- New Penninsula — A
- Regent Palace — K
- Royal Ascot — G
- Time Palace — C
- XVA — I

BARES E RESTAURANTES
- Antique Bazaar — J
- Automatic — 6, 7
- Basta Arts Café — 5
- Bastakiah Nights — 4
- Bayt Al Wakeel — 2
- Dôme — 8
- India House — 3
- Kan Zaman — 1
- Sherlock Holmes — H
- Viceroy Bar — J
- XVA Café — I
- Yakitori — G

LOJAS
- Bateel Dates — c
- BurJuman — c
- Carrefour — a
- Damas — c
- International Aladdin Shoes — b
- Al Orooba Oriental Carpets — c
- Virgin Megastore — c

cor de areia sob a sombra de um belo teto de madeira, que mantém o local agradavelmente fresco mesmo em pleno calor do dia. Olhe para o alto e aprecie os interessantes entalhes decorativos, assim como janelas com treliças em alguns pontos e uns raros pedaços de paredes em tom coral e sem reboco. Na extremidade do *souk*, perto da Saleh Abdullah Mohd Tea Stall (um bom lugar para tomar um revigorante chá de masala), há uma passagem particularmente impressionante ladeada por oito torres de vento. Apesar de sua aparência árabe, praticamente todas as lojas do *souk* agora pertencem a comerciantes indianos que vendem tecidos de sári de cores berrantes e má qualidade e outros itens baratos para turistas – um exemplo clássico das inúmeras miscigenações culturais da Dubai contemporânea. Embora as oportunidades para compras (mais informações no quadro da pág. 58) sejam um tanto limitadas, este *souk* continua sendo um local agradável para caminhar sem pressa a qualquer hora do dia ou da noite.

▲ SOUK DOS TECIDOS

O Creek

Ampla faixa de água salgada que corta o meio do centro da cidade, o Creek (Al Khor em árabe) fica física e culturalmente no coração de Dubai. Remanescente de um rio com fontes históricas que fluíam no interior chegando até Al Ain e que era conhecido até pelos antigos gregos, que o chamavam de rio Zara, o Creek abrigou os primeiros assentamentos da área – primeiro do lado de Bur Dubai e depois em Deira – e também teve papel crucial na história recente da cidade. Um dos primeiros atos do visionário xeque Rashid, chamado de pai da moderna Dubai, ao assumir o poder em 1939 foi dragar o Creek e torná-lo navegável para navios maiores, desviando assim o comércio do então mais próspero emirado vizinho de Sharjah (cujo porto foi assoreado, gerando conseqüências irreversíveis). Graças a Rashid, a abertura do Creek para o comércio internacional e a resultante posição de Dubai como grande centro comercial regional, sem mencionar a descoberta posterior de petróleo, abriram caminho para a prosperidade recente da cidade.

Embora sua importância econômica tenha diminuído nas últimas décadas após a abertura das enormes docas costeiras de Port Rashid (outra criação do sagaz xeque Rashid) e de Jebel Ali, o Creek continua servindo para o comércio de pequena escala que depende do transporte nos inúmeros *dhows* de madeira antigos que navegam entre Dubai e os países vizinhos e ancoram no Dhow Wharfage (pág. 67) em Deira – dando uma pitoresca nota antiquada ao centro urbano contemporâneo. Independentemente do aspecto comercial, o Creek se mantém como elemento central de Dubai e sua característica natural mais bela. Afinal, essa ampla e serena faixa de água, que é parte essencial do tecido e da textura da cidade assim como o Tâmisa é para Londres, provê brisas refrescantes e um trecho bem-vindo de espaço aberto, além de muitas das melhores vistas da cidade e um elo constante com seu passado marítimo.

▲ MESQUITA IRANIANA

Vale a pena explorar também as alamedas paralelas à via principal para ver outros exemplos restaurados da tradicional arquitetura emirense, assim como um belo par de mesquitas xiitas iranianas, que se avizinham na extremidade oeste do *souk* na 11 C Street, ao lado do Time Palace Hotel. A primeira tem uma linda fachada e a cúpula revestida de mosaicos brilhantes de tom predominantemente azul e decorados com motivos florais geométricos. A segunda, cerca de 50 m a oeste do Time Palace Hotel, é um edifício simples em tom de areia, cujo topo conta com quatro pequenas cúpulas ovais.

Shri Nathje Jayate Temple

Textile Souk. Diariam 6h-12h e 17h-22h.

Escondido na extremidade do *souk* dos tecidos, o minúsculo templo hindu-sikh Shri Nathje Jayate é um dos locais mais curiosos de Dubai. Apesar do grande número de indianos na cidade, este é o único templo hindu e seu tamanho diminuto e localização obscura lhe conferem um ar charmosamente secreto, quase clandestino, como o das casas que abrigavam as reuniões dos primeiros cristãos na Roma imperial. É aberto a turistas, mas exige que os sapatos sejam deixados do lado de fora e não permite fotos. O principal recinto do templo é decorado com imagens dos deuses hindus Shiva, Hanuman e Ganesh, do venerado guru sul-indiano Sai Baba e com algumas suásticas. Aqui há um lance de escadas que conduz ao Sikh Gurdarbar,

▼ BUR DUBAI À NOITE

Cruzando o Creek em um abra

Apesar da atual obsessão de Dubai pelas maravilhas da tecnologia moderna, ir de um lado a outro do centro da cidade através do Creek ainda é uma experiência charmosamente antiquada que envolve embarcar em um dos numerosos barquinhos de aparência frágil chamados de *abras*. Há duas rotas: uma parte da Deira Old Souk Abra Station (ao lado da entrada do Spice Souk) e vai até a Bur Dubai Abra Station (na extremidade norte do Textile Souk), e a outra sai da Al Sabkha Abra Station (na extremidade sul do Dhow Wharfage, em Deira) e vai até a Bur Dubai Old Souk Abra Station (no meio do Textile Souk). Os barcos fazem ambas as rotas dia e noite e a travessia custa apenas 50 fils. Qualquer das rotas rende um passeio delicioso e oferece lindas vistas da fascinante desordem das edificações de Creekside com seus emaranhados de *souks*, torres de vento, mesquitas e minaretes. Por um custo irrisório, este é o programa mais divertido de Dubai. Os barcos saem assim que lotam (o que leva poucos minutos) e a travessia também dura só alguns minutos. Pequenos baques e colisões entre barcos são comuns no momento de atracar e partir; portanto, fique atento para não cair nas águas do rio.

Cruzeiros de abra

Uma alternativa mais relaxada à travessia padrão do Creek é fretar um *abra* para seu uso, o que lhe dá liberdade de escolher a rota no rio e a distância que sua imaginação (ou seu bolso) sugerir. Partindo de algum ponto no centro da cidade, é possível ir e voltar da ponte Al Maktoum em 30 minutos, ao passo que em uma hora dá para ir e voltar do Dubai Creek Golf Club (embora isso obviamente dependa do seu ponto exato de partida – veja a seguir). No entanto, alugar um *abra* pode ser complicado. Parte do problema é que não há uma locadora oficial dos barcos. Na área das quatro estações de *abra* e em vários outros pontos junto ao rio é comum a abordagem de pessoas oferecendo passeios. Tente conseguir um barco com alguém nas estações de *abra*; atrás do Sheraton Dubai Creek Hotel, em Deira; na orla de Creekside, em Bastakia; ou a oeste da estação de *abra* de Bur Dubai, perto da Shindagha Tower, embora possa acontecer de você não achar uma oportunidade quando realmente quiser negociar um barco. O segundo problema é estipular o preço. Vão cobrar-lhe algo entre DH$ 60 e DH$ 120 por um passeio de uma hora (ou DH$ 40-80 por 30 minutos). Ofereça DH$ 60 por hora, pechinche bastante se necessário e lembre-se de que o preço independe do número de pessoas que usarão o barco.

adornado com fotos de dez gurus sikh. Um segundo lance de escadas do lado oposto leva ao Gurmandir, um grande salão usado para cerimônias religiosas hindus e sikhs, com o mantra sikh "Satnam Waheguru" ("Oh, Deus, seu nome é verdadeiro") pintado nas paredes. Antes de entrar nesse salão, cubra sua cabeça com um pedaço de tecido tirado da caixa no topo da escada.

Para chegar ao templo, vá até o final do Textile Souk, vire à direita na T. Singh Trading e depois à esquerda na Mohammadi Textiles descendo a travessa ao lado do templo. A travessa tem algumas pitorescas lojinhas indianas que vendem braceletes, cocos, flores, sinos, *bindis*, almanaques e outras parafernálias religiosas. Degraus conduzem até o templo, onde é preciso deixar os sapatos nos armários após o Portão nº 2 antes de entrar pelo Portão nº 1.

Grande Mesquita e Diwan

Ao sul do templo Shri Nathje Jayate fica a imponente Grande Mesquita, que é a maior de Dubai: uma edificação cor de areia com 18 domos pequenos e o minarete mais alto da cidade, que se destaca acima da silhueta de edifícios. Construída originalmente por volta de 1900, foi demolida na década de 1960, sendo que a atual edificação data da década de 1990, embora pareça bem mais antiga.

Do outro lado da Grande Mesquita (retorne cruzando o final do Textile Souk e vire à direita seguindo o Creek) e protegido por balaustradas pretas bem altas, o Diwan, ou Tribunal do Soberano, sedia os gabinetes das principais autoridades governamentais, incluindo o do próprio xeque governante. Embora grande, a edificação não desperta admiração, constituindo-se em um grande quadrado branco dotado de réplicas agigantadas de torres de vento. Bem mais interessante é a mesquita adjacente, que conta com um domo achatado em forma de cebola e com um esguio minarete branco cuja altura compete com a da Grande Mesquita nas proximidades. Daqui também se descortinam lindas vistas do Creek até o Dhow Wharfage em Deira, tendo ao fundo as torres de vento do *souk* de especiarias.

▼ GRANDE MESQUITA

Bastakia

A leste do Diwan, o recém-restaurado bairro de Bastakia (ou Bastakiya) é o fruto mais impressionante dos esforços recentes de Dubai para salvar parte de seu legado arquitetônico e cultural da sanha dos tratores de terraplanagem a serviço de projetos imobiliários. Este pequeno bairro repleto de casas com torres de vento e ruas estreitas foi construído na década de 1920 por comerciantes de Bastak – daí seu nome –, que fica no sul do Irã. Ameaçado de demolição total no fim da década de 1980, agora foi salvo do abandono iminente e quase recuperado sua condição original. Hoje o bairro oferece uma visão fascinante da antiga Dubai, com uma confusa malha de passagens minúsculas, construídas propositalmente com pouca largura para prover sombra aos pedestres, e curvas entre as paredes altas e pardacentas de dezenas de belas casas tradicionais encimadas por lindas torres de vento, cada uma entalhada com um padrão único. Por ora, Bastakia

▲ BASTAKIA

é um canteiro de obras de restauração que prosseguem em vários pontos. O bairro inteiro se mantém um tanto vazio e subutilizado, apesar de contar com dois bons cafés e duas das melhores galerias da cidade, mas isso talvez mude no futuro. Pode-se ir a Bastakia pela beira-mar, saindo do lado mais distante do Diwan ou partindo da Al Fahidi Street, onde uma pequena alameda conduz às proximidades do Basta Arts Café e da Majlis Gallery.

Boa parte do charme de Bastakia envolve flanar por suas vielas e se perder, mas também há duas galerias interessantes e dois lugares bons para comer (abaixo). A primeira é a **Majlis Gallery** (diariam 9h30-20h, exceto sex; ⓣ04-353 6233, ⓦwww.majlisgallery.com), na Al Fahidi Roundabout, perto da entrada principal de Bastakia. Fundada em 1976 pelo designer de interiores inglês Alison Collins, que ainda é seu co-proprietário, a galeria realiza exposições mensais de artistas internacionais que são convidados a passar uma temporada em Dubai para pintar cenas emirenses, muitas vezes com resultados memoráveis. A outra é a **XVA Gallery** (sáb-qui 9h-21h; ⓣ04-353 5383, ⓦwww.xvagallery.com), escondida

Torres de vento

Muitas vezes descritas como a forma mais antiga de ar-condicionado do mundo, as características torres de vento (*barjeel*) retangulares no alto de muitas edificações antigas de Dubai, assim como em numerosas construções modernas que imitam o estilo árabe, representavam um meio engenhosamente simples de driblar as temperaturas escaldantes do Golfo numa época sem energia elétrica, além de resolverem o problema de ventilar as casas em um país onde as raras janelas ficavam quase sempre fechadas para proteger a privacidade dos moradores. Tradicionalmente a torre de vento maior e mais ornamentada ficava acima do quarto e as menores sobre outros aposentos. Com cerca de 6m de altura, elas têm aberturas nos quatro lados e canalizam qualquer brisa disponível para dentro da edificação através de quatro canos triangulares. Naturalmente, torres de vento não têm o mesmo efeito polar do ar-condicionado que hoje em dia parece ser obrigatório nos estabelecimentos elegantes de Dubai, mas fique ao lado de uma dessas torres e observe como a temperatura sofre uma queda leve, porém significativa, particularmente bem-vinda no verão e, sem dúvida, crucial nos tempos em que não havia ar-condicionado.

Embora se tenha tornado um dos símbolos arquitetônicos mais presentes em Dubai e nos EAU, a torre de vento foi introduzida na cidade por negociantes iranianos que aqui se radicaram no início do século 20. Muitas casas construídas em Bastakia, cuja coleção de torres de vento é a maior e mais bela da cidade (pelo menos em comparação com a profusão de falsas torres de vento no recém-construído Souk Madinat Jumeirah), mostram variações sutis no design das torres, o que comprova que nenhuma é igual à outra.

▲ DUBAI MUSEUM

nos confins de Bastakia, perto da butique F.A.E. Seu foco são artistas do Oriente Médio, embora esta antiga casa tradicional por si só seja uma obra de arte. Vale a pena conferir e aproveitar o café no pátio para tomar uma bebida refrescante.

Dubai Museum

Al Fahidi Street. Seg-qui, sáb e dom 8h30-20h30, sex 15h-21h; DH$ 3. O excelente Museu de Dubai ocupa o antigo Forte Al Fahidi, pequena estrutura bem prática cujas torres de cantos desiguais e paredes toscas de gesso e coral lhe dão o ar de um gigantesco castelo de areia. Com isso, cria um contraste com outras "antigas" edificações da cidade, das quais a maioria foi restaurada com extrema perfeição. Datado de cerca de 1800, o forte é a edificação mais antiga de Dubai, tendo sido erguido para defender a cidade da ameaça real de piratas e outros mercenários errantes. Serviu também como residência e gabinete do xeque no poder. O grande pátio é ladeado por algumas salas com mostras de folclore e armas antigas, e contém uma tradicional casa *barasti* encimada por uma torre de vento básica, feita de galhos de palmeira cortados com esmero e palha. Os galhos são espaçados para que brisas penetrem no interior, o qual se mantém sempre fresco, seja qual for a hora do dia.

A real atração do museu, porém, é sua vasta parte subterrânea, uma maravilha que propicia uma visão abrangente da vida tradicional, dos ofícios e da cultura de Dubai. Repletos de efeitos sonoros e manequins em tamanho natural sem os quais nenhum museu dubaiense seria completo, os diversos recintos cobrem detalhadamente todos os aspectos significativos da vida cotidiana em Dubai – o Islã, a arquitetura local e torres de vento, trajes e jogos tradicionais, camelos, caça com falcões, usos da folha de palmeira e água no deserto, coleta submarina de pérolas, fauna do deserto (com animais empalhados) e a construção de *dhows* (com um barco de tamanho real sendo construído). Outras salas apresentam interessantes curtas-metragens sobre diversos temas, incluindo imagens breves, porém fascinantes, de coletores de pérolas em ação. Há também uma fileira de oficinas tradicionais de carpinteiros, ferreiros, oleiros, alfaiates, negociantes de especiarias e outros. O conjunto é kitsch, mas inegavelmente interessante, embora as imagens holográficas de artesãos dêem um toque um tanto fantasmagórico.

Al Fahidi Street

A Al Fahidi Street é a rua principal de Bur Dubai, cortando a área de leste a oeste e marcando o ponto de transição entre a área mais têxtil de Creekside ao norte e a do sul, a qual concentra telefones, computadores, câmeras, relógios e produtos eletrônicos em geral. A Al Fahidi Street exibe uma mistura de ambas, com lojas de roupas, calçados e jóias espremidas entre outras repletas de câmeras Sony, telefones Nokia e relógios Titan (alguns até são genuínos, embora as ofertas constantes de relógios, bolsas e outros produtos pirateados enquanto você anda pela rua possam lhe dar uma impressão oposta), ao passo que as travessas de ambos os lados são apinhadas de inúmeras casas de curry bem simples que atendem às comunidades indiana e paquistanesa predominantes na área.

Khalid Bin Al Waleed Road

Com mão dupla, a Khalid Bin Al Waleed Road (popularmente conhecida como "rua dos computadores") marca o limite de Bur Dubai e uma distinta mudança de ritmo em relação às ruas estreitas e *souks* do centro antigo da cidade e aos bairros mais modernos adiante, cujo símbolo máximo é o imenso shopping center Bur Juman (pág. 57) em uma esquina perto da extremidade leste da rua. No entanto, ela é mais conhecida por sua densa concentração de lojas de computadores e eletrônicos em torno do cruzamento com a Mankhool Road, um bom lugar para achar itens digitais baratos ou simplesmente para usufruir a atmosfera ao cair da noite, quando a rua toda ganha luzes de néon e os consumidores vêm conferir as tentações tecnológicas mais recentes.

Casa do Xeque Saeed Al Maktoum

Shindagha. Sáb-qui 8h-20h30, sex 15h-21h30; DH$ 2. No noroeste de Bur Dubai, a área de Shindagha em Creekside abriga tradicionais casas emirenses cuidadosamente restauradas que se alinham na margem do Creek, o qual faz uma curva defronte à ponta da península de Deira antes de chegar ao mar. Entre elas, a mais bela é a casa do xeque

▼ CASA DO XEQUE SAEED AL MAKTOUM

Saeed Al Maktoum, residência principal da família real de Dubai de 1896 até 1958. Uma das edificações mais antigas da cidade, a obra foi iniciada em 1896 pelo xeque Maktoum bin Hasher Al Maktoum e posteriormente mais alas foram adicionadas por outros membros da família Maktoum, incluindo o xeque Saeed bin Maktoum Al Maktoum, ex-dirigente de Dubai e avô do atual governante, que morou aqui até sua morte, em 1958.

Hoje a casa abriga o Museum of Historical Photographs and Documents of Dubai Emirate, que tem um acervo surpreendentemente interessante de fotos antigas de Dubai da década de 1940 em diante mostrando a incrível transformação da pequena cidade do Golfo que virou uma megalópole global. As imagens antigas de Bur Dubai são particularmente surpreendentes: os registros desbotados pelo tempo de uma cidade essencialmente árabe, repleta de casas com torres de vento e grandes paredes desnudas, têm um ar quase bíblico, com destaque para a foto de um enxame de gafanhotos. Outras mostras incluem diferentes tipos de *dhow* e fotos interessantes de barcos e pescadores. Há também uma sala cheia de fotos de vários xeques Al Maktoum de rostos bem vincados, sendo difícil distingui-los devido à sua semelhança espantosa.

O museu também tem mostras amplas de moedas locais, incluindo um grande acervo de moedas coloniais da East India Company e da Índia que eram usadas como moeda corrente em Dubai do fim do século 18 até 1966, quando Dubai e o Catar introduziram uma moeda conjunta para substituí-las. Há também uma curiosa coleção de selos da época colonial, enquanto no andar de cima há duas salas repletas de encantadores mapas antigos de Dubai e da península Arábica, além de documentos detalhando vários acordos administrativos e comerciais entre os britânicos e os emirenses durante o final do período colonial.

Vilas do legado cultural e de mergulho

Shindagha. Seg-qui, sáb e dom 8h-22h, sex 8h-11h e 16h-22h; grátis. Adiante da casa do xeque Saeed Al Maktoum há um grupo de belas casas

▼ TÂMARAS DE BATEEL

antigas alinhadas na margem do Creek. Muitas destas edificações hoje funcionam como restaurantes (incluindo o Kan Zaman, pág. 60) e uma das maiores abriga a chamada Heritage Village. A *villa* abrange um grande pátio de areia com pequenas lojas, das quais a maioria só abre durante o festival Dubai Shopping, mas algumas nos fundos do pátio funcionam o ano todo vendendo os usuais suvenires kitsch e algumas antiguidades mais interessantes. O local fica às moscas durante os meses mais quentes, mas ganha mais vida de outubro a abril, quando há eventos ocasionais de dança, culinária e outras tradições culturais emirenses. A adjacente Diving Village tem mais do mesmo, ou seja, outra série de edificações tradicionais menos imponentes em torno de um pátio de areia, onde há dois barcos de madeira, algumas cabanas *barasti* e duas cabines telefônicas em forma de barco.

Lojas

Bateel Dates

BurJuman. Sáb-qui 10h-22h, sex 14h-22h. Esta elegante delicatessen é especializada em tâmara (que custa de DH$ 30 a DH$ 100 por quilo) e seus subprodutos. Isso inclui tâmara recheada com amêndoas, pedaços de limão ou laranja e coberta de chocolate, biscoitos, suco e geléia feitos com a fruta, além de outras especialidades locais, como mel de acácia e doces de figo, e algumas opções de chocolates finos. Tem uma filial no Deira City Centre.

BurJuman

Esquina da Khalid Bin Al Waleed com a Sheikh Zayed Road. Sáb-qui 10h-22h, sex 14h-22h. ⓦwww.burjuman.com. Principal shopping do centro da cidade, o Bur Juman continua muito popular junto a turistas e moradores locais, devido às suas mais de 300 lojas e localização conveniente. Vale a pena pegar um mapa na entrada, pois o lugar é imenso. Embora comporte facilmente milhares de visitantes, seu ambiente é sempre calmo e agradável. A parte mais antiga e movimentada abriga filiais de praticamente todas as empresas varejistas locais e internacionais que têm negócios na cidade, desde BHS, Mothercare e Virgin até lojas que vendem trajes árabes, jóias, tâmaras e tapetes. Na extremidade sul, uma nova ala luxuosa alia arquitetura elegante a uma série de lojas de marcas sofisticadas, como Cartier, Dior, D&G, Hermes, Burberry, Hugo Boss e Saks Fifth Avenue.

Carrefour

Al Ghubaiba Road. Diariam 8h-24h, sex a partir das 9h. A filial desta rede francesa de hipermercados em Bur Dubai pode não ser o templo de consumo mais charmoso da cidade, mas é um dos melhores para encontrar praticamente todos os tipos de alimentos do Oriente Médio, incluindo tâmaras, doces como *halva* e *baklava*, chás, frutas tropicais, amêndoas, especiarias, mel árabe, café turco, açafrão, caviar, queijos feta, *labneh* e azeitonas, além de todas as marcas internacionais mais conhecidas. Há outras filiais no Deira City Centre e no Mall of the Emirates.

▲ INTERNATIONAL ALADDIN SHOES

Damas

Bur Juman. Sáb-qui 10h-22h, sex 14h-22h. Principal rede de joalherias de Dubai, a onipresente Damas tem filiais em todos os shoppings da cidade. Jóias de ouro e diamantes predominam, com designs que vão de clássicos italianos aos vistosos árabes.

International Aladdin Shoes

Ao lado da Bur Dubai Old Souk Abra Station. Sáb-qui 10h-22h, sex 16h-22h. No meio do Textile Souk, esta tentadora lojinha sem placa tem um maravilhoso estoque de coloridos chinelos femininos bordados (DH$ 25-35) que servem de ótimos suvenires, mas que só ficam confortáveis em pés magros. Vende também encantadores cintos bordados.

Khalid Bin Al Waleed Street

A grande quantidade de lojas de computadores e eletrônicos perto do cruzamento da Khalid Bin Al Waleed Street com a Mankhool Road é um paraíso para aficionados por tecnologia em busca de pechinchas. Há de tudo, de PCs a acessórios para celulares a preços excelentes – desde que você saiba o que quer e esteja disposto a pesquisar nas lojas. Também vale a pena ir ao Al Ain Centre na Mankhool Road, onde há todos os tipos de geringonças digitais.

Al Orooba Oriental Carpets

Primeiro andar, Bur Juman. Sáb-qui 10h-22h, sex 14h-22h. Esta loja encantadora é especializada em tapetes dos principais pólos produtores na Ásia a preços entre DH$ 600 e DH$ 50 mil. Tem também outros finos itens decorativos e colecionáveis, incluindo toalhas de mesa, pashminas e xales de organza, pratarias islâmicas, *khanjars*

Alfaiataria em Bur Dubai

Embora menos conhecido por sua alfaiataria do que lugares como Hong Kong, Bangkok e Índia, Bur Dubai é um bom local para encomendar roupas sob medida a preços bem modestos, seja no Textile Souk, seja em outras lojas de tecidos ao sul, como a grande Rivoli, na Al Fahidi Street. Todas as lojas desta área podem lhe indicar um alfaiate que pode copiar um traje que você leve como modelo ou criar algo novo.

(adagas) de Omã, bengalas, cafeteiras, porta-incensos e lindas contas de oração de lápis-lazúli, âmbar, turquesa e outras pedras.

Virgin Megastore

Bur Juman. Sáb-qui 10h-22h, sex 14h-22h. Além dos usuais CDs e DVDs internacionais, a Virgin também tem um ótimo acervo de pop árabe, gêneros musicais do Marrocos e do Iraque – de música tradicional de *oud* e Um Kalthoum a May Hariri e REG Project – e discos de músicos do Golfo e dos Emirados. Estações de audição permitem que você escute os CDs antes de comprá-los. Tem filiais no Deira City Centre e no Mall of the Emirates.

Cafés

Basta Arts Café

Bastakia. Diariam 8h-22h. No jardim idílico de uma antiga casa tradicional de Bastakia na Al Fahidi Street, bem ao lado da entrada principal do bairro, este encantador café é um refúgio sereno da agitação urbana. O menu apresenta um número razoável de saladas e sanduíches com um toque árabe – de sanduíches tostex de queijo *halloumi* à "salada souk" (galinha e cuscuz) –, muitos chás de ervas e sucos incomuns. Não serve álcool.

Bayt Al Wakeel

Textile Souk, perto da entrada principal. O pequeno menu de pratos árabes simples daqui não é digno de aplausos, mas isso é compensado pela localização conveniente perto da entrada do Textile Souk e pelo cenário em um terraço que se projeta sobre o Creek atrás de uma tradicional casa emirense. *Mezze* por volta de DH$ 15. Não serve álcool.

Dôme

Bur Juman. Diariam 7h30 até tarde. Este animado e atrativo café em estilo europeu no Bur Juman é uma parada conveniente para almoço. Há uma ótima variedade de sanduíches requintados (a partir de DH$ 22) e cafés excelentes, além de opções ecléticas de pratos internacionais (a partir de DH$ 24), como peixe e fritas, pizzas, frutos-do-mar e *nasi goreng*. Não serve álcool. Tem filiais no Madinat Jumeirah e no Jumeira Plaza.

India House

Al Hisn St. Diariam 7h-12h30, fecha sex 11h30-13h30. Este antigo restaurante vegetariano é o maior e talvez o melhor entre os inúmeros indianos simples em Bur Dubai. As opções

▼ BASTA ARTS CAFÉ

▲ ANTIQUE BAZAAR

são incontáveis, com todos os legumes imagináveis preparados com todos os tipos de curry, dosa ou thali e pratos do dia anunciados nas paredes. Mesmo assim, dificilmente você gasta mais do que DH$ 20. Não serve álcool.

Kan Zaman

Heritage Village, Shindagha. Diariam 17h30-2h30. Com boa localização no Creekside, na área de Shindagha em torno da Sheikh Saeed Al Maktoum House, este grande restaurante do Oriente Médio atrai famílias locais que vêm degustar gordurosos *mezze* e fumar narguilé ao som de música árabe antiquada. O menu é bem confuso, mas tem a variedade usual de antepastos e pratos de carne, tudo barato, saboroso e em porções fartas. *Mezze* a partir de DH$ 10 e pratos a partir de DH$ 22. Não serve álcool.

XVA Café

Bastakia. Diariam, exceto sex, 9h-21h. Escondido em meio aos labirintos de Bastakia, vale a pena procurá-lo na direção dos fundos do bairro, perto da butique F.A.E. O café, que fica no pátio de uma encantadora galeria e pousada (pág. 53), serve bons pratos vegetarianos do Oriente Médio por volta de DH$ 20-25, incluindo saborosas saladas de atum, *burgul*, favas e *fattoush*, sanduíches deliciosos e outras refeições e lanches leves. Não serve álcool.

Restaurantes

Antique Bazaar

Four Points Sheraton, Khalid Bin Al Waleed Rd ☎04-397 7444. Sáb-qui 12h30-2h30 e 19h-2h, sex apenas 19h-2h (música e dançarinas diariam a partir das 21h). Este belo restaurante indiano parece um canto esquecido de um palácio Rajput, adornado com pilares de madeira entalhados, mesas antigas e variados artefatos indianos. O menu abrange os favoritos básicos do norte da Índia – *tandooris*, *birianis*, galinha e legumes com curry – com razoável eficiência. Há também uma banda que toca músicas de Bollywood e duas dançarinas com trajes diáfanos. Embora não seja indicado para jantares românticos, é um lugar divertido. Pratos em torno de DH$ 30.

Automatic

Khalid Bin Al Waleed Rd (na esquina com a 18 St) e Al Khaleej Centre, Mankhool Rd. Diariam 12h-24h. Popular junto a árabes de outras procedências, esta rede espalhada pela cidade oferece cozinha confiável do Oriente Médio em seus restaurantes calmos e confortáveis. Nenhum deles prima pelo charme, mas os preços são bons e a comida razoável, com variados *mezze*, grelhados e frutos-do-mar decentes, além de pombo grelhado e fritas. Pratos em torno de DH$ 20. Tem filiais na Al Rigga Street em Deira, no Beach Centre em Jumeira, no Ibn Battuta Mall e na Jumeirah Tower na Sheikh Zayed Road.

Bastakiah Nights

Bastakia ☎ 04-353 7772. Diariam 16h-24h. Este restaurante do Oriente Médio é um dos mais belos no centro de Dubai, ocupando uma casa antiga finamente restaurada em Bastakia. Seu pátio é perfeito para embarcar em algumas fantasias orientalistas fumando um narguilé. O menu tem a gama usual de favoritos da região e algumas opções mais originais, como charutinhos de folhas de uva e cozidos vegetarianos e de cordeiro. Os pratos são bem preparados e têm preços razoáveis, mas as porções são um tanto pequenas. *Mezze* a partir de DH$ 18 e pratos a partir de DH$ 35.

Yakitori

Royal Ascot Hotel, Khalid Bin Al Waleed Rd ☎ 04-352 0900. Diariam 12h30-15h e 18h30-23h30. No quinto andar do Royal Ascot Hotel, este restaurante japonês pequeno, animado e informal é um dos encraves étnicos mais interessantes de Dubai e provavelmente o mais similar aos existentes em Tóquio. Com clientela sobretudo japonesa, tem menu em japonês (felizmente com tradução em inglês), TV com programas japoneses e *chefs* japoneses, ou seja, tudo conspira para que você se sinta em Ginza. A impressão é reforçada pela comida barata, simples e deliciosa, que inclui os usuais talharins, sushis, sashimis, yakitoris, kushi katsus e tempurás, além de excelentes menus fixos (DH$ 35-45).

Pubs

Sherlock Holmes

Arabian Courtyard, Al Fahidi St. Diariam 12h-2h. Um dos *pubs* ingleses mais belos de Bur Dubai, tem clima relaxado, papel de parede com padrões, cadeiras de couro artificial e caixas de vidro exibindo itens vagamente ligados a Sherlock Holmes. Serve comida decente e promoções regulares de cerveja mantêm o ambiente lotado. É preciso beber bastante cerveja para gostar da cantora filipina de karaoquê.

Viceroy Bar

Four Points Sheraton, Khalid Bin Al Waleed Rd. Diariam 11h-2h. Este *pub* tradicional em estilo inglês é o mais agradável de Bur Dubai, exibindo teto com vigas de carvalho, um bar de madeira, poltronas de couro confortáveis e uma TV suspensa que exibe esportes. No entanto, é tão escuro que você mal enxerga o que está bebendo. Tem opções decentes de chope e outras bebidas e localização conveniente para ir ao excelente restaurante indiano Antique Bazaar (página ao lado).

Deira

Ao norte do Creek, Deira é o segundo dos dois principais bairros do centro da cidade. Fundado em 1841, quando colonos de Bur Dubai atravessaram o Creek para fundar uma nova aldeia aqui, Deira superou rapidamente seu vizinho e continua tendo construções melhores e mais cosmopolitas do que Bur Dubai, além de uma mistura étnica de emirenses, árabes, indianos, paquistaneses, somalis, negociantes africanos, russos caçadores de pechinchas e turistas ocidentais circulando por suas ruas lotadas. Para o turista, a grande atração são os numerosos souks – com destaque para o famoso Gold Souk e o charmoso Spice Souk –, embora em muitos aspectos o bairro inteiro pareça um enorme bazar no qual é possível flanar horas a fio sem nunca chegar ao fim. Abriga também duas interessantes edificações tradicionais – a Casa do Legado e a Al Ahmadiya School –, enquanto às margens do Creek encontra-se o interessante Dhow Wharfage, autêntico remanescente do passado de Dubai, além de um grupo de surpreendentes edificações modernistas centradas no National Bank of Dubai, ícone do fascinante presente de Dubai.

Gold Souk

Sikkat Al Khail Road. O famoso *souk* do ouro costuma ser a primeira parada dos turistas que vêm ao bairro e atrai uma freqüência cosmopolita, que

Informações sobre a travessia do Creek e passeios de *abra*, pág. 51.

▼ O CREEK, LADO DE DEIRA

Compras no Gold Souk

O comércio de ouro em Dubai é estritamente regulamentado, portanto não há risco de ser enganado com itens de má qualidade ou falsificações, mas é importante ter algumas coisas em mente antes de ir às compras. Em primeiro lugar, jóias de ouro são **vendidas por peso** (a qualidade, detalhes decorativos e a excelência artesanal em geral não contam no preço). Segundo, o **preço do ouro é fixo** em todas as lojas da cidade e em geral anunciado na parte interna, embora o valor exato flutue diariamente, dependendo da cotação internacional. Por isso, se você perguntar quanto custa uma jóia, primeiro ela será pesada em uma balança e depois o custo será calculado de acordo com o preço do ouro nesse dia. Uma vez estabelecido esse preço básico, é hora de começar a **pechinchar**. Praticamente todas as lojas do *souk* do ouro são de indianos hábeis na arte da negociação e na de pressionar os consumidores, mas pedir o "melhor preço" ou "um pequeno desconto" deverá render um abatimento imediato em torno de 20%-25% sobre o preço básico. Talvez você consiga reduzir ainda mais o preço, dependendo de sua sagacidade e de quanto os vendedores estão desesperados para fechar negócio. De qualquer forma, vale a pena pesquisar, comparar preços e, se necessário, dizer ao vendedor que outra loja tinha um preço melhor. Caso compre mais de um item em uma loja, pressione para ganhar mais descontos. Se não achar o que você quer no *souk* do ouro, há vários shoppings de médio porte especializados em ouro – Goldland, The Gold Centre, Gold City e Gold House – ao longo da Corniche, do lado oposto à Gold Souk Bus Station e a curta distância ao norte, assim como numerosas lojas por toda a cidade.

Comprar **pedras preciosas** é mais complicado e vale a pena fazer pesquisas antes de ir a Dubai. **Diamantes** são particularmente uma boa pedida em Dubai, onde é possível achá-los pela metade do preço (ou até menos) do que o cobrado no Ocidente. Além do *souk* do ouro, visite também o excelente Gold and Diamond Park ao sul de Jumeirah (pág. 121).

A autenticidade não é um problema na hora de comprar ouro e pedras preciosas, mas em compensação o comércio local de **produtos pirateados** continua forte, apesar de recentes tentativas meio acanhadas por parte das autoridades dubaienses de acabar com essa atividade ilícita. Basta passar um tempo no *souk* do ouro para ser constantemente importunado com ofertas de "cópias baratas de relógios", "cópias de bolsas" e similares. Se mostrar interesse, você poderá ser levado a algum local esquisito nas imediações, com pilhas de produtos de grife falsificados como relógios, bolsas, óculos escuros e outros acessórios. Os preços não são especialmente baratos (relógios e bolsas a partir de US$ 50), mas representam uma fração do valor dos itens originais e têm qualidade excelente. Dizem inclusive que algumas falsificações são feitas nas mesmas fábricas que produzem os itens genuínos. O fato é que para muitos turistas a aquisição de uma boa cópia de uma bolsa Chanel ou de um relógio Gucci por uma fração do preço do produto genuíno pode ser o ponto alto de uma visita à cidade, embora os designers dos originais não aprovem esse ponto de vista nem o apoio dado a esse comércio ilegal. Prepare-se para pechinchar vigorosamente e não tenha medo de ir embora se não conseguir o preço desejado. Afinal, não lhe faltarão outras ofertas.

▼ GOLD CITY

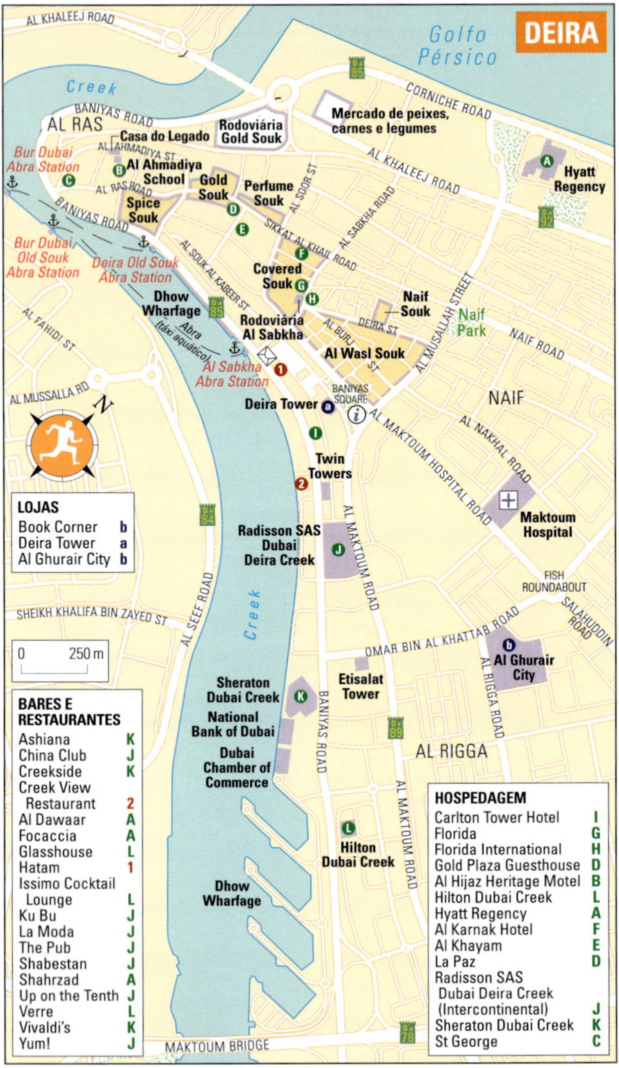

inclui visitantes ocidentais e negociantes asiáticos comprando produtos para revender em seus países. Distribuído ao redor de uma via para pedestres com pequenas lojas sob um teto de madeira, o *souk* não é particularmente exótico, mas a quantidade de jóias de ouro exibida nas vitrines é estarrecedora e serve para dar uma pausa descontraída da agitação da cidade, muito embora a abordagem constante de vendedores de produtos pirateados possa ser irritante.

▲ GOLD SOUK

A principal atração do *souk*, naturalmente, é o preço: o ouro de Dubai é um dos mais baratos do mundo e a grande concorrência mantém os preços interessantes. As jóias disponíveis variam de criações árabes fabulosamente adornadas a peças de elegância discreta voltadas ao gosto europeu. Particularmente atrativos são os tradicionais braceletes emirenses de ouro maciço, muitas vezes com lindos detalhes em ouro branco, que ficam pendurados em longas fileiras nas vitrines. Antigamente eles eram usados como dote de casamento, assim como os colares mais pesados e adornados – também presentes nas vitrines. Há muitos lugares que vendem jóias com pedras preciosas, sobretudo com diamantes, assim como outras pedras, a exemplo de esmeraldas e tanzanite.

Spice Souk

Em frente à estação Deira Old Souk Abra. O *souk* de especiarias (também conhecido como Deira Old Souk) talvez seja o mais interessante e charmoso – além de ser o mais perfumado – entre os inúmeros bazares da cidade. Grandes trechos da via principal coberta foram tomados por lojas barateiras que vendem brinquedos e itens para casa, e a maioria dos comerciantes de especiarias hoje se concentra nas passagens estreitas mais ao norte. Dirigidas quase exclusivamente por negociantes iranianos, as lojas daqui têm uma ampla variedade de produtos culinários, medicinais

Horário de funcionamento dos souks

As inúmeras lojas dos *souks* de Deira não têm horário fixo. Na prática, a maioria das lojas abre às 10h e fecha às 22h ou mais tarde. Muitas também fecham à tarde, entre 13h e 16h.

▲ SPICE SOUK

e cosméticos, com bacias de produtos expostos na frente de uma seqüência de lojas minúsculas. Há todas as especiarias usuais – canela, cardamomo, cominho, coentro – e raridades como açafrão (Dubai é um dos lugares mais baratos do mundo para a compra dessa especiaria delicada e altamente apreciada), pepinos secos e limões (um ingrediente comum na cozinha do Oriente Médio), incenso e pilhas de hibiscos e pétalas de rosa, usados para preparar um chá de aroma delicado. O *souk* também é famoso por seus porta-incensos de variados formatos, dos quais o mais comum parece uma espécie de rocha cristalina avermelhada. Defumadores podem ser comprados no *souk* por poucos dirhams. A maioria das barracas também vende cosméticos naturais, como pedra-pomes e *alum*, um cristal de rocha transparente utilizado como pós-barba para acalmar a pele. Homens em busca de "uma ajuda extra" também encontram vastas quantidades do chamado "Viagra natural". Vale também a pena explorar os fundos da área do *souk* de especiarias, que se estende ao norte daqui em direção ao *souk* do ouro. As lojas em si não são interessantes e vendem sobretudo brinquedos e artigos baratos para casa, mas o *souk* é muito bonito e tem duas pracinhas ligadas por vielas desordenadas com luminárias verdes encimadas pela lua crescente islâmica.

Perfume Souk

Sikkat Al Khail St e Al Soor St. A área logo a leste do Gold Souk é tradicionalmente conhecida como *souk* dos perfumes e, embora as perfumarias da área tenham perdido espaço para lojas de roupas femininas (de tradicionais mantos pretos e shalwar kameez a trajes de dança do ventre), ainda há um número razoável de lojinhas de perfumes nas ruas ao redor daqui. Elas vendem diversas

▲ *SOUK* DO PERFUME

marcas internacionais (nem sempre genuínas) e algumas fragrâncias locais de acento mais floral e eventualmente enjoativo, as quais vêm em pequenos frascos de vidro de aspecto barato que podem ser colecionados.

Souk Coberto

Sul da Naif Road entre 67C Street e Al Sabkha Road. O espalhado *souk* coberto (nome equivocado, já que ele não tem teto) abrange uma área indeterminada de pequenas lojas apinhadas nas ruas e vielas estreitas que partem do sul da Naif Road descendo até o Creek. A maioria dessas lojas é de indianos que vendem vastas quantidades de tecidos coloridos de baixa qualidade para roupas femininas e bugigangas produzidas em massa, como brinquedos de plástico e artigos para casa. Embora mais simplório e pobre do que os *souks* do ouro e das especiarias, rende um passeio interessante, especialmente na área nos fundos da Al Sabkha Bus Station, a parte mais movimentada e densa do bazar, onde é fácil se perder. O *souk* então continua, com densidade gradualmente reduzida, pelo ponto mais distante da Al Sabkha Road, onde também é chamado de Naif Souk e de Al Wasl Souk, antes de chegar à Al Musallah Street.

Dhow Wharfage

Baniyas Road, entre o Deira Old Souk e as estações de *abra* de Al Sabkha. O cais de *dhows* oferece uma visão fascinante das tradições marítimas da antiga Dubai que sobreviveram miraculosamente intactas até hoje. O cais abriga centenas de belos *dhows* de madeira, alguns

▼ DHOW WHARFAGE

▲ AL AHMADIYA SCHOOL

deles centenários, que atracam aqui para carga e descarga. Isso faz com que haja grande quantidade de mercadorias cobertas por encerados, o que inclui caixotes de tâmaras e montes de aparelhos de ar-condicionado, que ficam empilhadas à beira d'água. Os *dhows* variam de tamanho, de barcos modestos usados para travessias curtas na costa a grandes embarcações oceânicas que levam produtos pelo Golfo e até o Irã, chegando às vezes à Índia, ao leste da África e ao Sudeste Asiático. Praticamente todos navegam com a bandeira dos EAU, mas em geral têm tripulações estrangeiras que moram a bordo, conforme atestam os varais de roupa lavada estendidos nos conveses e as pilhas de panelas que dão aos barcos um ar pitorescamente doméstico em meio à agitação do centro de Dubai. Caso fique passeando por lá por algum tempo, você pode ser convidado a subir em um barco para um dedo de prosa – supondo que você e os anfitriões tenham algum idioma em comum – e uma xícara de chá.

Al Ahmadiya School

Junto à Al Ahmadiya Street. Seg-qui, sáb e dom 8h-19h30, sex 14h30-19h30. Grátis. Escondida nas ruas atrás do *souk* do ouro, a escola Al Ahmadiya é um belo remanescente da tradicional arquitetura árabe na cidade. Hoje abriga um museu pequeno e interessante voltado à história educacional do emirado. Fundada em 1912 por iniciativa do xeque e negociante de pérolas Mohammed bin Ahmed bin Dalmouk, foi a primeira escola pública dos EAU e teve como alunos muitos líderes da cidade, incluindo o xeque Rashid. De caráter notavelmente igualitário, o ensino era gratuito para alunos pobres e somente filhos de famílias ricas tinham de pagar. Inicialmente o currículo enfocava apenas disciplinas islâmicas tradicionais, como o estudo do Corão, caligrafia árabe e matemática, sendo posteriormente expandido para cobrir matérias práticas como mergulho e comércio de pérolas, assim como disciplinas mais modernas, a exemplo de inglês, sociologia e ciências. Em 1962, havia mais de 800 alunos matriculados, o que levou à mudança da escola para um local novo e mais amplo nas redondezas e ao total abandono da sede original. Em 1995 a sede foi meticulosamente restaurada pelas autoridades municipais em uma tentativa tardia de resgatar exemplos remanescentes da arquitetura e de cultura tradicional de uma cidade em acelerado processo de modernização.

A escola ocupa um edifício cor de areia de dois andares simples, porém atrativo, encimado por duas torres de vento. Suas linhas simples são ornadas com inscrições corânicas no piso térreo e janelas com treliças no andar superior, além de arcos finamente entalhados. Interessantes telas computadorizadas e mostras abordam a história da escola, e há exposições de retratos de antigos xeques, de potes de barro para água, cartas governamentais, fotos antigas e modelos em tamanho natural de três pequenos alunos diante de um professor com ar irritado que brande uma bengala de madeira. Há também um filme interessante de dez minutos com entrevistas com ex-alunos e algumas imagens intrigantes da escola em seus tempos de apogeu mostrando filas de alunos com trajes impecáveis recitando versos corânicos no pátio.

Casa do Legado

Al Ahmadiya Street. Seg-qui, sáb e dom 8h-19h30, sex 14h30-19h30. Grátis.

A belamente restaurada Casa do Legado dá uma idéia aos visitantes do estilo de vida e das tradições que existiam na Dubai pré-moderna. Construída em 1890, a casa foi ampliada e restaurada várias vezes nos 50 anos seguintes, principalmente em 1910 pelo xeque e negociante de pérolas Mohammed bin Ahmed bin Dalmouk, também responsável pela fundação da vizinha Al Ahmadiya School. A edificação ilustra bem como era uma casa emirense tradicional, com sua

▼ CASA DO LEGADO

fachada imponente sem janelas e um grande pátio interno, característica sempre presente nas casas árabes, que propicia a entrada da luz solar e da ventilação nos aposentos, tendo ainda um cercado para animais na lateral e duas árvores no meio – um deserto em miniatura no coração da mansão urbana. Todos os recintos têm mostras e manequins evocando aspectos da vida emirense tradicional, tendo ao fundo ruídos gravados de conversas e atividades diárias que dão um toque levemente surreal, a exemplo do choro intermitente de um bebê no salão principal. A *majlis* na entrada (sala onde visitas masculinas eram recebidas, negócios eram discutidos e novidades relatadas) tem manequins tomando café recostados em almofadas, enquanto na *majlis* das mulheres um deles pinta as mãos de uma criança com hena, enquanto outras personagens estão tecendo, bordando ou moendo especiarias. Portas de madeira finamente entalhadas com palmeiras e flores estilizadas levam à sala principal, onde manequins com ricas vestes e jóias tradicionais dividem espaço com incongruentes luxos ocidentais importados, incluindo um antigo gramofone, um rádio e um relógio Seth Thomas.

▼ MERCADO DE PEIXES, CARNES E LEGUMES DE DEIRA

Mercado de peixes, carnes e legumes de Deira

Al Khaleej Road. Diariam 7h30-23h. O extenso mercado de peixes, carnes e legumes de Deira funciona como refúgio e mudança de cenário em relação às ruas e *souks* apinhados de gente no centro do bairro. É melhor ir até lá pela manhã, quando a venda de peixes e carnes está a todo o vapor, embora o mercado seja movimentado o dia inteiro. A fotogênica parte de frutas e legumes exibe barracas com pilhas desses produtos, além de opções mais exóticas como rambutãs, mangustões, cocos, melancias enormes, inhames, feixes de ervas frescas e tâmaras em quantidade imensa. Menos colorida e com odor bem mais forte, a parte de peixes apresenta longas fileiras de tubarões, atum fresco, sardinhas e outros tipos de peixes. Se você tiver sorte, pode até achar pitus. Há também uma pequena seção de carnes sangrentas nos fundos, o que por certo só reforça as convicções dos vegetarianos.

National Bank of Dubai e arredores

A face contemporânea de Deira é evidenciada pela impressionante seqüência de edifícios do Creekside ao longo da Baniyas Road, cerca de 1 km a leste do centro antigo da cidade. O mais formidável e um dos maiores ícones locais é o prédio do National Bank of Dubai, que foi inaugurado em 1998. Sua fachada enorme e curva voltada para o Creek é revestida de vidro laminado

▲ NATIONAL BANK

e lembra a vela de um *dhow* tradicional. Ela parece pegar fogo quando reflete a luz do sol por volta da hora do poente, um espetáculo mais bem apreciado junto às águas em Bur Dubai. O projeto foi de Carlos Ott, também responsável pelo impressionante interior do Hilton Dubai Creek (pág. 172) nas proximidades.

Ao lado do prédio do National Bank fica a **Dubai Chamber of Commerce**, uma estrutura menor e austeramente minimalista com revestimento de vidro, que parece ter sido projetada unicamente à base de triângulos – um design que encontra eco no vizinho **Sheraton Dubai Creek**, cuja fachada em forma de cunha se eleva acima do Creekside como a proa de um enorme navio de concreto. Defronte ao Sheraton encontra-se a **Etisalat Tower** (1986), projetada pelo arquiteto canadense Arthur Erikson e prontamente reconhecível devido à enorme bola de golfe em seu topo, uma característica também presente no novo edifício da Etisalat na Sheikh Zayed Road e em sua sede em Abu Dhabi.

Há também outro grande **cais de *dhows*** a leste da Câmara de Comércio. Bem menos visitado do que o do centro de Deira, é igualmente interessante, com os barcos antigos tendo como pano de fundo as faiscantes fachadas de vidro dos arranha-céus modernistas.

Lojas

Além das lojas descritas abaixo, há possibilidades ilimitadas de compras nos muitos *souks* de Deira, especialmente no Gold Souk (mais orientações sobre compras, pág. 62), no Spice Souk (pág. 65) e no Perfume Souk (pág. 66).

Al Ghurair City

Al Rigga Road. Sáb-qui 10h-23h, sex 14h-23h. Shopping mais antigo de Dubai, o Al Ghurair parece pequeno e simplório quando comparado aos complexos mais recentes, mas ainda atrai muita gente devido às suas boas lojas-âncora, a exemplo de BHS, Timberland, French Connection e Mexx. Na parte superior há várias lojas especializadas em perfumes árabes e *abbeya* (as vestes pretas usadas pelas mulheres do Golfo), e outras com vitrines

▼ PARTE SUL DO DHOW WHARFAGE

cheias de manequins exibindo trajes repletos de babados feitos com os tecidos vendidos em seu interior. Duas lojas também vendem vestes e lenços de cabeça para homens.

Book Corner

Primeiro andar, Al Ghurair City, Al Rigga Road. Sáb-qui 10h-23h, sex 14h-23h. É a segunda maior livraria da cidade, só perdendo para a recém-aberta Borders no Mall of the Emirates. Vasta, porém sem charme, tem uma boa variedade de títulos de interesse local sobre todos os aspectos da vida e da cultura emirense e árabe, mas o estoque de guias de viagem é espantosamente desatualizado.

Deira Tower

Baniyas Square. Com a maior concentração de lojas de tapetes da cidade, o chamado Carpet Souk abrange cerca de 30 lojas distribuídas pelo térreo e pelo primeiro andar deste grande prédio de escritórios. Há uma quantidade imensa de produtos à venda, desde antigas preciosidades persas dignas de museu a horripilantes fotos de tapetes emolduradas e peças feitas com bilros, mas a maioria dos artigos é de boa qualidade.

▼ ASHIANA

Restaurantes

Ashiana

Sheraton Dubai Creek, Baniyas Road. 04-228 1111. Sáb-qui 12h30-3h30 e 19h30-1h, sex 19h30-1h. Antigo restaurante indiano elegante e agradável, tem decoração em estilo Rajput e uma seleção criteriosa de pratos bastante apreciados no norte da Índia, incluindo todos os tipos de kebab, opções decentes de curries vegetarianos e de peixes e frutos-do-mar, e sobremesas bem preparadas (prove o *kulfi* de damasco e figo). Todas as noites, a partir das 20h30, uma cantora e uma banda apresentam desde *ghazals* até sucessos de Bollywood. Pratos a partir de DH$ 50.

China Club

Radisson SAS Hotel Dubai Deira Creek, Baniyas Road. 04-222 7171. Diariam 12h30-15h (sex a partir das 11h30) e 19h30-23h. Melhor restaurante chinês no centro de Dubai, tem decoração moderna e de bom gosto e alguns espaços reservados bem intimistas. O menu enxuto conta com pratos chineses bem preparados – *dim sum*, frutos-do-mar

▲ CREEKSIDE

vivos, pato de Pequim, frituras e talharins – e opções menos usuais, como sopa de pato com clara de ovo e nozes de pinho. As porções são servidas em grandes travessas brancas por uma equipe eficiente. Pratos em torno de DH$ 45.

Creekside

Sheraton Dubai Creek, Baniyas Rd ☎04-207 1750. Sáb-qui 12h30-15h e 18h30-24h, sex 18h30-24h. Agradável restaurante japonês com vistas do Creek e boa variedade de pratos autênticos. Isso inclui sushi, sashimi, temaki, donburi, tempurá, pratos com talharim, sopas, grelhados e belas caixas de bentô, como as usadas em Tóquio para acondicionar o almoço. Promove regularmente noites gastronômicas de sushi, teppanyaki e frutos-do-mar, com menus fixos em torno de DH$ 100. Pratos a partir de DH$ 40.

Creek View Restaurant

Baniyas Road. Diariam 12h-2h. Nos períodos menos quentes do ano, este pequeno e simpático restaurante ao ar livre em Creekside atrai uma grande clientela local na maioria das noites. Oferece comida saborosa e barata do Oriente Médio (todos os *mezze* e grelhados usuais por menos de DH$ 20), uma lista decente de *shishas* para narguilé e vistas das águas do Creek refletindo os anúncios em néon. Abre também para almoço, mas o movimento só esquenta depois do anoitecer.

Al Dawaar

Hyatt Regency, Deira Corniche ☎04-317 2222. Diariam 12h30-15h30 e 19h-23h30. Único restaurante giratório de Dubai, fica no alto do colossal Hyatt Regency e tem vistas superlativas da cidade. Cada giro dura 1h45, ou seja, se você não comer muito rápido, poderá ver o panorama em 360 graus. O sistema é de bufê (DH$ 140 no almoço e DH$ 175 no jantar, fora as bebidas), composto de pratos mediterrâneos, árabes, asiáticos e japoneses, além de steaks norte-americanos. Embora não seja a melhor experiência

▼ CREEK VIEW RESTAURANT

gastronômica da cidade, vale a pena pelas vistas estonteantes.

Focaccia

Hyatt Regency, Deira Corniche ☎04-317 2222. Diariam 12h30-15h e 19h-24h, exceto dom. Este moderno restaurante italiano mais parece um clube de campo elegante, com uma atmosfera casual, vistas relaxantes do Golfo e um menu revigorante de massas, pratos de peixe e carne, risoto de beterraba, *taglione* de lagosta, *tortellini* de vitela e ragu de costeleta de porco. Pratos a partir de DH$ 45.

Glasshouse

Hilton Dubai Creek, Baniyas Rd ☎04-212 7550. Aberto 24h. Brasserie colorida e casual com decoração interessante e tentadores pratos em estilo mediterrâneo – saladas, massas, steaks e peixes – com sabores frescos e algumas combinações criativas, como garoupa grelhada com salada de batata e chouriço ou camarão e salada de abacate. Pratos entre DH$ 70 e DH$ 80.

▼ GLASSHOUSE

Hatam

Perto da Baniyas Square. Diariam 12h-24h. Parte de um animado trio de pequenos restaurantes iranianos logo ao sul da Baniyas Square, este local simples serve grandes porções de saborosos pratos persas a preços modestos, incluindo kebabs de galinha e cordeiro acompanhados por enormes fatias de pão pita, além de opções um pouco mais caras de frutos-do-mar. Do outro lado da rua, os restaurantes Shiraz Nights e Hatam Al Tai oferecem pratos similares a preços um pouco mais baixos e em ambiente mais descontraído. Tem filiais no Bur Juman Centre e no Ibn Battuta Mall.

La Moda

Radisson SAS Hotel Dubai Deira Creek, Baniyas Rd ☎04-222 7171. Diariam 12h30-15h15 e 19h30-23h30. Com garçons vestidos com macacões de mecânico, decoração moderna e trilha sonora pop e relaxante, este popular italiano está mais para um bistrô urbano do que para uma trattoria tradicional. A comida é igualmente elegante e de preço compatível, com um variado menu de massas, risotos e pizzas saborosos, pratos de carne e peixe e opções vegetarianas acima da média. Pratos por DH$ 40.

Shabestan

Radisson SAS Hotel Dubai Deira Creek, Baniyas Rd ☎04-222 7171. Diariam 12h30-15h15 e 19h30-23h15 (qua e qui até 23h30). Com acesso por um pequeno vestíbulo re-pleto de perfumadas especiarias

▲ SHABESTAN

e intrigantes *objets d'art*, este pequeno restaurante iraniano se mantém popular junto a dubaienses e iranianos aqui radicados graças a seus imensos *chelo*-kebabs, guisados de peixe e outras especialidades persas. Todas as noites há um trio de violino, percussão e *santour*. Pratos a partir de DH$ 68.

Shahrzad

Hyatt Regency, Deira Corniche ☎04-317 2222. Seg-qua 20h-24h, qui-sáb 12h30-15h e 20h-24h. Pequeno restaurante iraniano que parece saído de uma ilustração das *1001 Noites* cuja narradora, aliás, inspirou seu nome. Prepara comida persa tradicional tida como a melhor da cidade, como *chelo*-kebabs delicadamente condimentados e *polos* (cozidos de arroz) clássicos como *zareshk polo ba morgh* (galinha guisada coberta de arroz misturado com uva-espim e açafrão). Galinha e cordeiro predominam, mas também há opções com frutos-do-mar. Música iraniana ao vivo todas as noites a partir das 21h. Pratos à DH$ 75.

Verre

Hilton Dubai Creek, Baniyas Rd ☎04-227 1111. Diariam 19h-24h. Sob direção de Gordon Ramsay, *chef* inglês detentor de três estrelas do Michelin, que vem ao local duas vezes por ano, o *Verre* se esmera para ser o melhor restaurante de Dubai, sempre surpreendendo a clientela com sua excelente cozinha européia moderna, com pratos de carne, peixe e frutos-do-mar divinamente preparados. Mesmo quem vê com cinismo a onda atual de *chefs* virarem celebridades acaba se impressionando com os sabores magníficos e as sutis combinações culinárias jamais concebidos pela maioria dos outros restaurantes. A decoração moderna e elegante, porém sem exageros, e o fundo sonoro sutil fazem com que as atenções se concentrem naquilo que realmente interessa, ou seja, na comida, a qual é harmonizada com os exemplares da carta de vinhos extensa, mas de preço acessível. É também significativamente menos careiro do que se supõe (com pratos principais a partir de DH$ 75) e, considerando os *hors d'oeuvres* adicionais e "avivadores de paladar" entre os pratos – alguns dos quais equivalem a pratos completos – vale muito mais a pena vir jantar aqui do que em outros locais sofisticados da cidade. O único ponto negativo é a ausência de opções vegetarianas, já que Ramsay cultiva total desprezo por essa linha alimentar. Faça reserva com o máximo de antecedência, pois o restaurante costuma estar com a agenda lotada semanas a fio.

Vivaldi's

Sheraton Dubai Creek, Baniyas Rd ☎04-228 1111. Diariam 18h30-1h30. Este calmo e antiquado restaurante italiano dá mais ênfase a conforto do que a estilo, o que não é um defeito, já que tem preços razoáveis e opções bem preparadas de pizzas, massas, risotos e antepastos (a partir de DH$ 36), além de pratos substanciosos de carne e frutos-do-mar (a partir de DH$ 55). Outro destaque são as atrativas vistas do Creek.

Yum!

Radisson SAS Hotel Dubai Deira Creek, Baniyas Rd ☎04-222 7171. Diariam 12h-1h. Café e restaurante moderno e elegante na galeria de lojas do Radisson, tem linhas minimalistas e uma cozinha visível através do vidro. O menu do Sudeste e Leste Asiático, com predominância das cozinhas tailandesa e chinesa, apresenta boa variedade de pratos substanciosos e servidos com rapidez, incluindo sopas, talharins, pratos à base de arroz, curries tailandeses e opções vegetarianas, tudo a preços bem razoáveis. Tem uma carta de vinhos surpreendentemente extensa e os pratos custam a partir de DH$ 30.

Bares

Issimo Cocktail Lounge

Hilton Dubai Creek, Baniyas Rd. Diariam 19h-1h. Em um canto do piso térreo ultramoderno e repleto de aço cromado do Hilton, este local chique e pequeno tem um belo bar em forma de barco e uma atmosfera bem descontraída, mas a lista de drinques é demasiado enxuta. É um bom lugar para um aperitivo ou um digestivo antes ou depois de uma refeição em um dos dois excelentes restaurantes no andar de cima. Há DJs ocasionalmente.

Ku Bu

Radisson SAS Hotel Dubai Deira Creek, Baniyas Rd. Diariam 19h-2h. Bar pequeno e intimista nos fundos do Radisson, tem um balcão com iluminação indireta e banquetas, e um salão com pouca iluminação e grandes sofás confortáveis. A animação começa ao anoitecer, mas esquenta mais tarde quando os ricos e famosos de Deira chegam para tomar drinques, especialmente quando há algum DJ. Tem bebidas como champanhes, coquetéis e destilados, mas a carta de vinhos e as cervejas não são dignas de nota. Há vários petiscos sofisticados, como caviar beluga e ostras frescas. O mais divertido de tudo, porém, reside nos banheiros masculinos, onde, através de espelhos especiais, é possível dar uma espiada no bar.

▲ ISSIMO COCKTAIL LOUNGE

The Pub

Radisson SAS Hotel Dubai Deira Creek, Baniyas Rd. Diariam 12h-4h e 18h-24h. Espaçoso e sossegado *pub* em estilo inglês, tem o usual bar de madeira falsa e dezenas de TVs transmitindo esportes. É um dos poucos lugares bons em Deira para tomar uma cerveja relaxadamente e escapar das pessoas ligadas em moda que invade a maioria dos outros bares do bairro.

Up on the Tenth

Radisson SAS Hotel Dubai Deira Creek, Baniyas Rd. Diariam 18h30-2h (qui até 2h30). Decidamente, este local não é o mais elegante de Dubai. Mas a reprodução do skyline de Manhattan atrás do bar só deve agradar míopes e bêbados. No entanto, este bar aconchegante no décimo andar conta com algumas das melhores vistas do Creek no centro da cidade. Chegue cedo, consiga lugar junto à janela e aprecie a iluminação da cidade. Todas as noites (exceto sexta-feira) um cantor e um pianista de jazz se apresentam a partir das 21h30.

Subúrbios

No limite das orlas sul e leste com o centro da cidade – e separando-o das áreas modernas mais adiante – há um cordão de subúrbios simples: Garhoud, Oud Metha, Karama e Satwa. Esta área de Dubai tem um ar um tanto vago, já que não está propriamente no centro nem tem as atrações excitantes das áreas desenvolvidas mais recentemente ao sul. Porém, há muito o que ver e fazer. Garhoud e Oud Metha abrigam um bom número de lojas, restaurantes, bares e outras atrações, muitas das quais se concentram em dois shoppings marcantes: o sofisticado Wafi City em Oud Metha e seu sucedâneo mais simples em Garhoud, o Deira City Centre. Por sua vez, Karama e Satwa são duas áreas muito interessantes fora do circuito turístico usual, nas quais se pode observar a genuína vida local, com muitos cafés animados e lojas barateiras que vendem produtos de grife falsificados.

Garhoud

Cobrindo a área entre o aeroporto e o Creek, o subúrbio de Garhoud é uma interessante miscelânea de atrações simples e sofisticadas. O shopping Deira City Centre (pág. 83) é o principal ponto de concentração atraindo um público eclético que engloba árabes do Golfo, turistas russos e muitos indianos e filipinos radicados nos subúrbios pobres nos arredores mais distantes do aeroporto. Nas cercanias encontram-se os campos verdejantes do Dubai Creek Golf Club, que ficam ainda mais belos à noite sob a iluminação de holofotes. Construída em 1993, a sede modernista do clube é um dos marcos mais prontamente reconhecíveis da cidade, devido a seu afilado topo branco que evoca as velas e mastros de um *dhow*, tornando-o uma espécie de versão dubaiense da Sydney Opera House.

Descendo o Creek, a curta distância, há outro marco local, o Dubai Creek Yacht Club, que ocupa uma réplica em tamanho natural da ponte de um navio, com dezenas de belos iates de

▼ WAFI CITY MALL

milionários atracados em sua extensão. Há vários restaurantes interessantes nos clubes de golfe e de iatismo (recomendações nas págs. 87-9). Em meio a eles, o recém-inaugurado hotel Park Hyatt tem outros restaurantes em edificações em estilo marroquino com cúpulas de azulejos azuis, os quais dão um toque de classe à área do Creekside.

▲ CHILDREN'S CITY, CREEKSIDE PARK

Oud Metha

Do lado oposto do Creek em relação a Garhoud, o bairro de Oud Metha abriga vários shopping centers, hotéis, parques e opções de lazer modestas. Os dois grandes marcos da área são o vasto hotel Grand Hyatt (pág. 174), que se destaca em seu majestoso isolamento na extremidade sul de Oud Metha e tem alas curvas entrelaçadas semelhantes a uma espécie de brinquedo gigantesco, e o extravagante complexo de compras e restaurantes em estilo egípcio denominado Wafi City (págs. 84-5), um pedaço de Vegas em Dubai, que conta com grandes obeliscos, faraós e colunas douradas, além de hieróglifos decorando as portas dos banheiros.

Ladeando o Creek na orla leste de Oud Metha, entre as pontes Garhoud e Maktoum, o amplo Creekside Park (diariam 8h-23h, qui-sáb até 23h30; DH$ 5) serve como um dos pulmões do centro congestionado de Dubai, sendo um lugar agradável para caminhar sem pressa e escapar do trânsito, com direito a lindas vistas do Creek na direção dos clubes de golfe e iatismo e do hotel Park Hyatt. Aqui há vários playgrounds, assim como na Children's City e no parque temático Wonderland (pág. 189). Outra atração é o Dubai Cable Car (DH$ 25, crianças DH$ 10), que faz passeios de 35 minutos acima do parque com vistas urbanas panorâmicas. O parque é mais aprazível ao anoitecer, quando a temperatura fica mais amena e mais gente aparece, já que durante a semana pode ficar deserto.

Na orla sul de Oud Metha, o bairro de Jaddaf abriga alguns estaleiros dos tradicionais *dhows*, nos quais se podem ver artesãos locais trabalhando nessas magníficas embarcações oceânicas com técnicas seculares de carpintaria. Lamentavelmente, a área toda está em obras e encontrar esses estaleiros demanda um certo gasto e esforço. Pegue

Satwa

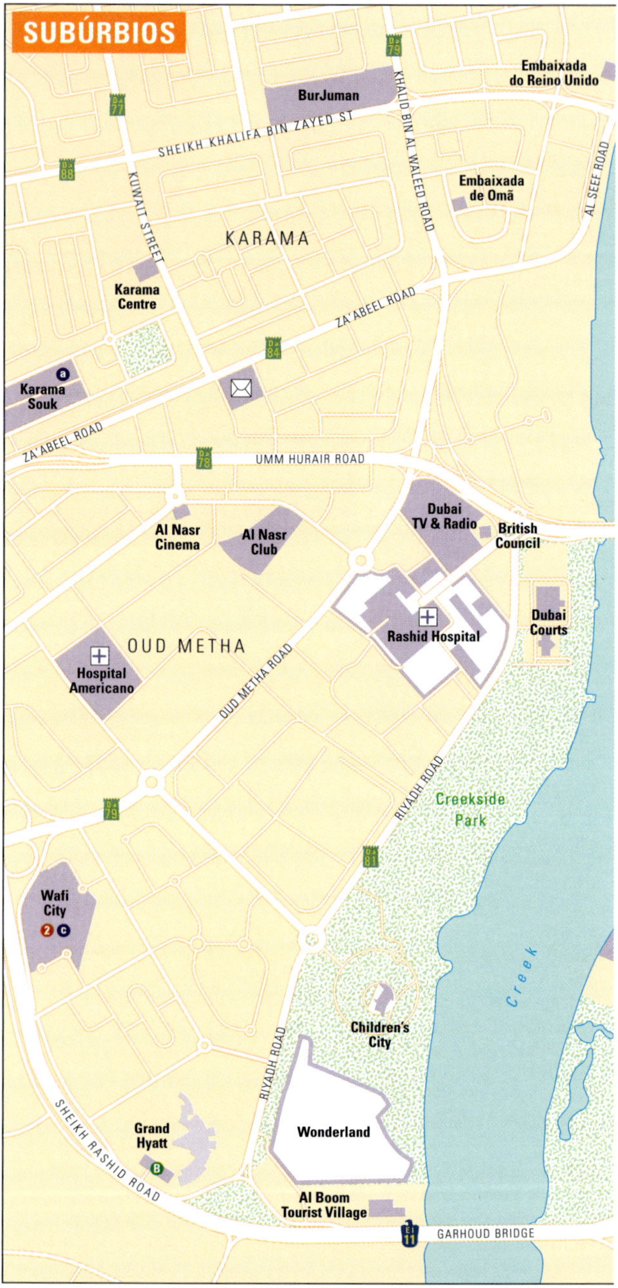

Estaleiros dos dhows tradicionais de Saddaf (500 m)

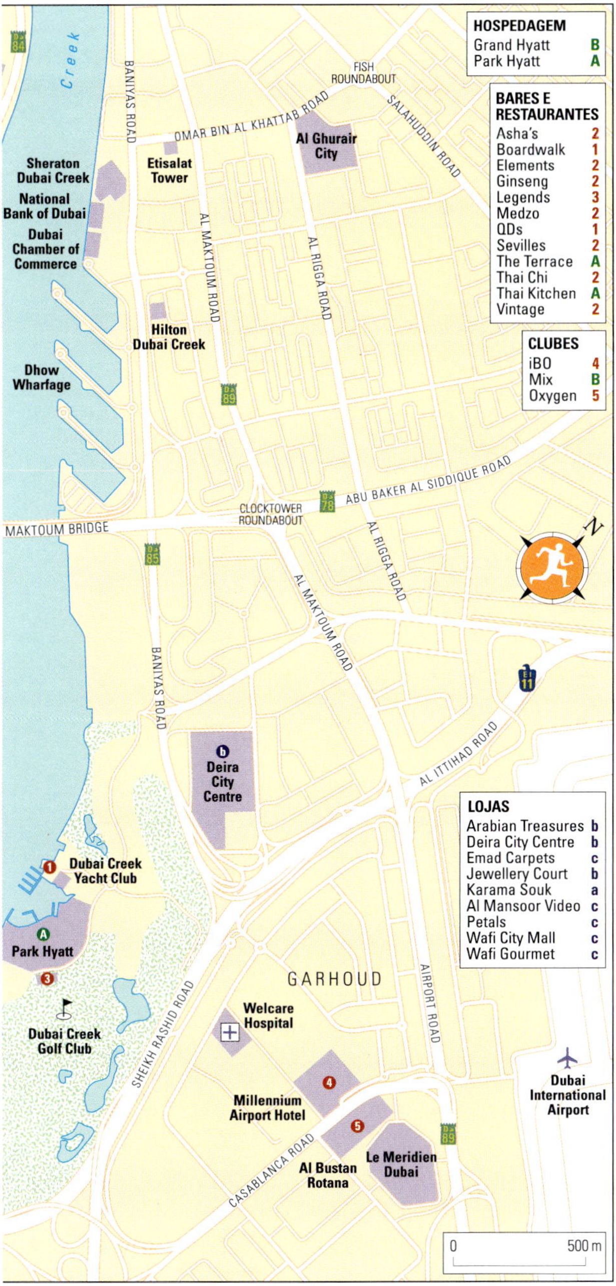
HOSPEDAGEM
Grand Hyatt B
Park Hyatt A
BARES E RESTAURANTES
Asha's 2
Boardwalk 1
Elements 2
Ginseng 2
Legends 3
Medzo 2
QDs 1
Sevilles 2
The Terrace A
Thai Chi 2
Thai Kitchen A
Vintage 2
CLUBES
iBO 4
Mix B
Oxygen 5
LOJAS
Arabian Treasures b
Deira City Centre b
Emad Carpets c
Jewellery Court b
Karama Souk a
Al Mansoor Video c
Petals c
Wafi City Mall c
Wafi Gourmet c
Creek
BANIYAS ROAD
FISH ROUNDABOUT
OMAR BIN AL KHATTAB ROAD
SALAHUDDIN ROAD
Al Ghurair City
Sheraton Dubai Creek
Etisalat Tower
National Bank of Dubai
Dubai Chamber of Commerce
AL MAKTOUM ROAD
AL RIGGA ROAD
Hilton Dubai Creek
Dhow Wharfage
ABU BAKER AL SIDDIQUE ROAD
CLOCKTOWER ROUNDABOUT
MAKTOUM BRIDGE
N
AL ITTIHAD ROAD
Deira City Centre
Dubai Creek Yacht Club
Park Hyatt
GARHOUD
Welcare Hospital
Dubai Creek Golf Club
SHEIKH RASHID ROAD
AIRPORT ROAD
Dubai International Airport
Millennium Airport Hotel
CASABLANCA ROAD
Al Bustan Rotana
Le Meridien Dubai
0
500 m

▲ TORRE DO RELÓGIO, KARAMA PARK

um táxi para Jaddaf seguindo pela via que passa pelo Arabian Park Hotel, até chegar a um grande portão com a placa "Jadaf Dubai, Dubai Ship Docking Yard". Vire então à esquerda e tente achar alguém que lhe mostre como chegar aos estaleiros de *dhows* no Creekside, em meio à barafunda de obras em andamento. Peça ao taxista que o espere, caso contrário você pode se ver perdido no meio do nada.

Karama

Karama é um típico subúrbio de Dubai, com legiões de trabalhadores de origem indiana e paquistanesa – garçons, taxistas, operários e vendedores de lojas –, que compõem grande parte da mão-de-obra local. Os pontos focais do bairro são a Kuwait Street e o agitado Karama Centre, um dos menores shoppings da cidade. É mais agradável flanar pelo Karama Park, que fica nas redondezas. Neste modesto canteiro de grama há numerosos jogos de críquete simultâneos à noite e o local é cercado por animadas casas de curry paquistanesas e cafés vegetarianos indianos.

Perto do parque fica a principal atração turística do bairro, o Karama Souk, complexo de lojinhas modestas (pág. 84) instalado em uma feia edificação de concreto. Embora as famosas falsificações de baixa qualidade do *souk*, incluindo marcas como Calvin Klein e DNKY, agora tenham praticamente desaparecido após medidas de repressão governamentais, o mercado de produtos de grife pirateados de melhor qualidade continua forte, facilitando, por exemplo, a aquisição de um falso D&G de última coleção ou de uma camisa do time Manchester United.

▲ SATWA

Satwa

O despretensioso bairro de Satwa é o posto avançado mais ao sul dos subúrbios pobres e de edificações de baixa altura de Dubai antes de você chegar aos gigantescos arranha-céus da Sheikh Zayed Road e ao início da imensa cidade moderna mais adiante. É também um dos poucos lugares de Dubai que concentram os diferentes grupos étnicos, incluindo árabes, indianos, cidadãos do Sudeste Asiático e até alguns europeus residentes, o que se reflete no ecletismo alimentar das casas de curry baratas, animadas docerias libanesas, padarias persas e pizzarias. O centro do bairro é a Satwa Roundabout, que tem vista para o Rydges Plaza Hotel.

As ruas ao sul daqui são ocupadas sobretudo por lojas e cafés indianos e paquistaneses, a exemplo do conhecido Ravi's (pág. 87). A oeste da rotatória estende-se a principal via de Satwa, a arborizada Al Diyafah Street, uma das mais agradáveis e cheias de vida fora do centro de Dubai, com amplas calçadas, dezenas de restaurantes e um clima cosmopolita. A atmosfera é bem mediterrânea, especialmente ao cair da noite, quando os cafés se animam e as multidões circulam, fazendo com que a área sem espigões represente uma mudança agradável em relação à agitação frenética e aos arranha-céus da Sheikh Zayed Road.

Lojas

Arabian Treasures

Piso 1, Deira City Centre, Garhoud.

Este bazar dentro do shopping Deira City Centre (abaixo) reproduz um *souk* árabe. Abrange meia dúzia de lojas de tapetes, várias de artesanato que vendem desde trastes (os usuais camelos constipados e mouse pads de tapetes orientais em miniatura) a itens colecionáveis, mais originais e interessantes como estatuetas de bronze hindus e gigantescas cafeteiras. A Al Jaber tem a melhor seleção, incluindo belos tabuleiros de xadrez de madeira e caixas com incrustações. Há uma filial da loja Bateel Dates (pág. 57) do lado de fora.

Deira City Centre

Garhoud. Diariam 10h-22h (qua-sex até 24h). ⓦwww.deiracitycentre.com.

Superado pelos shopping centers mais recentes em termos de brilho e glamour, este velho e grande shopping ainda é o mais popular junto a consumidores menos preocupados com a imagem e oferece uma visão típica da vida dubaiense. Sua clientela inclui desde mulheres emirenses portando véu a russos em busca de pechinchas de tapetes, mas o excesso de gente torna o lugar um tanto caótico e cansativo. As mais de 340 lojas daqui dão mais ênfase, embora não exclusivamente, a produtos menos sofisticados e mais baratos. Praticamente toda empresa com negócios em Dubai tem uma loja aqui oferecendo todos os produtos imagináveis. Isso abrange desde o esplendor faiscante da Jewellery Court (abaixo) aos pitorescos empórios do *souk* Arabian Treasures (pág. 83), além de numerosas lojas de roupas, perfumes e eletrônicos, uma enorme praça da alimentação, um complexo de cinemas e filiais grandes do Carrefour (pág. 57), Virgin, Debenhams e Woolworths.

Emad Carpets

Wafi City Mall, Oud Metha. Diariam 10h-22h. Esta loja elegante tem uma excelente e cara variedade de tapetes e kilims da Pérsia, Paquistão, Turquia e Afeganistão (a partir de DH$ 800), seleções de finos suvenires árabes, antiguidades de prata de Omã, lenços, xales paquistaneses e da Cachemira, jóias incomuns e pashminas adornadas com contas.

Jewellery Court

Piso 1, Deira City Centre. Garhoud. Com a maior concentração de joalherias da cidade fora dos *souks* especializados em ouro e shopping centers, esta parte do shopping Deira City Centre (pág. 83) abriga uma quantidade extraordinária de lojas de jóias e relógios que vendem desde graciosos designs italianos até badulaques árabes com pedras preciosas mais exagerados – a preços igualmente fabulosos. Há uma infinidade de diamantes!

Karama Souk

Karama. Este complexo de concreto ao ar livre bem básico, que fica insuportavelmente quente no verão, é o lugar certo para achar suvenires baratos, relógios e produtos de grife falsos. As lojinhas daqui têm pilhas de cópias de qualidade razoável de roupas e moda esportiva de grifes, assim como relógios e bolsas pirateados, mas é preciso suportar o assédio constante. Lojas de bugigangas ao redor do *souk* vendem tudo o que se possa imaginar: pashminas, camelos de brinquedo, relógios em forma de mesquita, quadros de areia, adagas emolduradas, perfumes e frascos vazios, canecos e isqueiros com o logo de Dubai, panôs, aranhas emolduradas, chinelos, fumo para narguilé e "genuínos relógios falsos". Grande parte dos objetos é puro lixo, mas quem procura bastante acaba achando alguns itens interessantes que invariavelmente (pelo menos após pechinchar) têm preços bem mais baixos do que em qualquer outra parte da cidade.

Al Mansoor Video

Wafi City, Oud Metha. Sáb-qua 10h-22h, qui e sex 10h-24h. Ótimo lugar para se abastecer de música e filmes baratos. Há uma infinidade de fitas cassete, CDs e DVDs árabes, indianos e ocidentais, incluindo muitos itens com descontos. A partir de DH$ 10, as fitas cassetes baratas são aconselháveis para quem está tendo um primeiro contato com a vasta riqueza da música árabe. Tem filiais na Lamcy Plaza, que fica perto, e na Al-Esbij Street em Bur Dubai, perto do Astoria Hotel, embora nesta última haja sobretudo música e filmes indianos, e nada árabe.

Petals

Wafi City Mall. Esta loja esquisita combina bem com o exagerado Wafi City Mall. Parecendo a casa de um aristocrata excêntrico e viciado em ópio do século 18, o interior é repleto de lustres multicoloridos, imitações cafonas de móveis antigos (a preços bem atuais) e bugigangas mais baratas, como velas e decorações de mesa.

Wafi City Mall

Al-Qataiyat Rd, Oud Metha. Diariam 10h-22h, qui e sex até 24h). ⓦwww.waficity.com. Elemento central do complexo Wafi City de temática egípcia, este sofisticado shopping de médio porte proporciona uma experiência de consumo agradável e descontraída, especialmente quando aliada a uma ida a um de seus restaurantes e bares de primeira classe ou aos que ficam no complexo Wafi Pyramids adjacente. Aqui há muitas lojas glamourosas como Nicole Farhi, Chanel e Versace, além de outras de itens de luxo como relógios e jóias, a exemplo da Tiffanys, Chanel Jewellery e Rivoli. Há também a M&S para apreciadoras de fina lingerie e outros produtos mais simples, lojas relativamente acessíveis como Jaeger e Miss Sixty, e a grande área recreativa Encounter Zone para crianças. Com conclusão prevista para 2007, a abertura do novo "*souk* do legado cultural" Khan Murjan deverá aumentar ainda mais o apelo já considerável exercido pelo complexo.

Wafi Gourmet

Primeiro andar, Wafi City Mall. Oud Metha. Diariam 10h-22h, qui e sex até 24h). Melhor delicatessen de Dubai, este pequeno paraíso gastronômico oferece tentações do Oriente Médio como grandes barris de azeitonas, amêndoas, especiarias, frutas secas, bandejas de tâmaras, frutas de marzipã, baklava e chocolates finos. Caso fique confuso, o café nos fundos lhe proporciona gratificação instantânea com seus saborosos kebabs, *mezze* e frutos-do-mar.

▼ WAFI GOURMET

Cafés

Beirut

Al-Diyafah Street, Satwa. Diariam 9h-4h30. Um dos cafés de *shwarma* mais populares da movimentada Al-Diyafah Street, tem mesas na calçada, um *chef* concentrado no preparo de kebabs, Um Kalthoum de trilha sonora e, quando a noite está mais avançada, uma atmosfera local bem especial. A comida é barata e saborosa, com os *mezze* e grelhados usuais, e copiosos sucos de frutas. Não serve álcool. Se estiver lotado, você pode tentar o Al-Mallah, uns 50 m abaixo na mesma rua, ou o Sidra, bem em frente, que oferecem cozinha e ambiente similares.

Elements

Wafi City Mall, Oud Metha. Sáb-qui 10h-1h, sex 12h-1h. Com sua mescla de obras de arte experimentais nas paredes e imensas tubulações metálicas suspensas, este interessante café parece uma galeria de arte de vanguarda instalada em uma refinaria de petróleo e seu belo terraço externo com tendas atrai apreciadores de narguilé locais. O menu bem eclético abrange excelentes sanduíches

▼ BEIRUT

e saladas, dim sum, massas e pizzas, pratos de carne e peixe, e uma bizarra seleção de "tapas" – que inclui falafel, yakitori de galinha e samosas. Oferece também boas *shishas* para narguilé, mas nada alcoólico. Pratos em torno de DH$ 35.

▲ ELEMENTS

Ravi's
Satwa Road, logo ao sul da Satwa Raundabaut (entre os restaurantes "gêmeos" Rawi Palace e Ravi Palace). Diariam 11h-16h e 18h-3h. Este famoso e barateiro café paquistanês tem uma clientela fiel de locais e estrangeiros radicados graças a seus saborosos pratos subcontinentais – curries de legumes, galinha e cordeiro, birianis e pães. A maioria dos pratos custa apenas DH$ 8, mas se você pedir todos os acompanhamentos a conta pode chegar a DH$ 20. A parte interna costuma lotar e, apesar do tráfego, é mais divertido ficar em uma mesa na calçada observando o movimento da rua. Não serve álcool.

Restaurantes

Asha's
Wafi Pyramids, Oud Metha ☎04-324 4100 ramal 121. Diariam 12h30-15h e 19h30-24h30; qua e qui até 1h. Nomeado em homenagem à lendária cantora de Bollywood Asha Bhosle, ela acabou virando cliente regular daqui e suas receitas favoritas integram o menu. Bem diferente das casas de curry usuais, este local tem decoração laranja elegante e moderna, obras de arte nas paredes e a voz da diva indiana como trilha sonora. O menu interessante abrange pratos tradicionais indianos – tandooris, thalis, birianis e curries – e pratos contemporâneos mais inusitados, como caranho vermelho salteado com basmati de lagosta, além das contribuições culinárias de Asha. Pratos em torno de DH$ 35.

Boardwalk
Dubai Creek Yacht Club, Garhoud. Diariam 12h-24h. Aparentemente sempre lotado, este despretensioso restaurante ocupa um ponto espetacular na passarela de madeira do Yacht Club em Creekside, com estupendas vistas da cidade. Serve boa cozinha internacional, com direito a massas, fajitas, frutos-do-mar e frituras. Como não faz reservas, chegue cedo ou entre na fila de espera. Outra alternativa é ir para o andar de cima, onde há o sofisticado

Aquarium (diariam 12h-15h e 19h-23h; ⓣ04-295 6000), que tem vistas similares de Creekside, um espetacular tanque de peixes e um menu *fusion* de pratos internacionais e do Pacífico com carne e frutos-do-mar. Em ambos os lugares os pratos giram em torno de DH$ 50.

Coconut Grove

Rydges Plaza Hotel, Satwa Roundabout, Satwa ⓣ04-398 2222. Diariam 12h-15h e 19h-24h. Este restaurante pequeno e meio desleixado no nono andar do Rydges Plaza Hotel não é muito inspirador, mas permanece popular graças às suas excelentes especialidades regionais de Goa, Kerala (Coromandel) e Sri Lanka, com molhos de coco bem picantes. Há numerosas opções de frutos-do-mar condimentados e pratos decentes de carne e legumes, incluindo pitus de Negombo e cozido de galinha de Kerala, a preços baixos, com a maioria deles saindo por DH$ 30 ou menos. O número de bebidas disponíveis é razoável e as mesas junto às janelas têm boas vistas de Satwa.

Legends

Dubai Creek Golf Club, Garhoud ⓣ04-295 6000. Diariam 12h-14h30 e 19h-23h. Na famosa sede futurista do clube de golfe, este restaurante especializado em steaks serve boas carnes da Nova Zelândia e dos EUA preparadas com molhos europeus à sua escolha, assim como outras carnes, frutos-do-mar e duas opções vegetarianas baratas. No entanto, o grande chamariz são as vistas excelentes do Creek descortinadas do restaurante e do espaçoso terraço externo. Pratos a partir de DH$ 60.

Medzo

Wafi Pyramids, Oud Metha ⓣ04-324 4100. Diariam 12h30-15h30 e 19h30-23h30; sex brunch à la carte 11h-15h30. Este pequeno restaurante de cozinha italiana e mediterrânea de classe tem um cenário

▼ MEDZO

elegante, porém descontraído, com muito couro preto e linho branco, sendo mais adequado para almoços de negócios do que para jantares românticos. Serve massas, pizzas, risotos e pratos mais substanciosos de carne e frutos-do-mar, todos com vívidos sabores sulistas. Pratos a partir de DH$ 50.

▲ QDS

QDs

Dubai Creek Yacht Club, Garhoud. Diariam 18h-2h (sem reservas).
Divertido restaurante, bar e café com narguilé, tem um grande terraço ao ar livre com vista para o Creek. Você pode observar as luzes e o movimento dos barcos enquanto saboreia pratos bem preparados a partir de DH$ 30, como pizzas, lanches e outras refeições leves, como kebabs libaneses e peixe com fritas. Pode-se também ficar só fumando narguilé e tomando drinques no bar bem sortido. Com a noite mais avançada, o lugar fica bem animado com DJs que incitam os freqüentadores a dançar.

Il Rustico

Rydges Plaza Hotel, Satwa Roundabout, Satwa ☎04-398 2222. Diariam 12h-15h e 18h-24h. Trattoria de ar mais caseiro de Dubai, tem móveis rústicos de madeira, deliciosos aromas de alho saindo da cozinha e uma seleção saborosa e razoavelmente acessível de pizzas, massas e risotos (a partir de DH$ 40), além de pratos de carne e frutos-do-mar (a partir de DH$ 50).

Sevilles

Wafi Pyramids, Oud Metha ☎04-324 7300. Diariam 12h-1h, ter-sex até 2h). Aconchegante e rústico, este restaurante espanhol de madeira e tijolos tem opções decentes de tapas tradicionais, como calamares fritos e patatas bravas, pratos de carne e peixe, incluindo paella e ragu madrilenho, alguns pratos vegetarianos e vinhos espanhóis. Um violonista espanhol se apresenta todas as noites, exceto seg, a partir das 21h. Pratos a partir de DH$ 45.

Thai Chi

Wafi Pyramids, Oud Metha ☎04-324 4100. Diariam 12h-15h e 19h-24h. Este restaurante esquizofrênico tem culinária chinesa contemporânea e tailandesa tradicional preparadas em duas cozinhas e servidas em dois salões (um espaço rústico chinês e outro tailandês mais formal). Independentemente de onde se acomodar, você pode pedir pratos de qualquer procedência. Isso inclui ótimas versões de clássicos tailandeses e opções chinesas ligeiramente menores, porém mais criativas. O único senão é o atendimento às vezes insatisfatório. Pratos a partir de DH$ 50.

Thai Kitchen

Park Hyatt, Garhoud ☎ 04-602 1234. Diariam 19h-24h; sex também 12h30-15h30. Ocupando parte do encantador terraço do Park Hyatt, este restaurante serve esmerados pratos tailandeses tradicionais – saladas, cozidos, talharins e curries – que saem de sua animada cozinha aberta. Como as porções são pequenas, você pode explorar uma variedade maior de pratos e sabores do que de costume, embora três pratos por pessoa normalmente sejam o bastante, sem contar o que os garçons lhe aconselham. Pratos a partir de DH$ 20.

Bares

Aussie Legends

Rydges Plaza Hotel, Satwa Roundabout. Diariam 15h-3h; sex e sáb a partir das 12h. Popular pub australiano, tem mesas de bilhar, itens decorativos ligados a esportes e autêntica cerveja Victoria Bitter. Em geral, lota mais tarde com uma clientela variável que bebe para valer. É melhor não mencionar o time de críquete Ashes.

Ginseng

Wafi Pyramids, Oud Metha. Escondido nos fundos do complexo Wafi Pyramids, este bar preto e vermelho com toques chineses, luzes difusas e trilha sonora suave atrai uma clientela jovem e elegante que aprecia os drinques sofisticados de seu bar. Tem boa comida chinesa e japonesa, e DJs regularmente. O vizinho Blush (grátis até 22h; DH$ 60 depois) tem agitadas noites de quinta-feira, com a presença de famosos DJs internacionais.

▼ CONSTRUÇÃO DE *DHOWS* EM JADDAF

The Terrace

Park Hyatt, Garhoud. Diariam 12h-2h. Bar sedutor à beira d'água, tem mesas internas e um terraço com vista para o Creek e para os numerosos iates luxuosos atracados na marina. O clima romântico é embalado por música suave e uma seleção razoável de coquetéis e outras bebidas. Oferece também boas opções de lanches e refeições a partir de DH$ 90, caso você fique com fome e sem ânimo para ir ao vizinho Thai Kitchen.

Vintage

Wafi Pyramids, Oud Metha. Seg-qua e sex-dom 18h-1h30, qui 16h-2h. Aconchegante bar de vinhos no centro da ação do Wafi City. Embora não seja particularmente extensa, a carta de vinhos inclui vintages internacionais bem selecionados, mas a maioria dos exemplares custa menos de DH$ 200, o que torna o local bem acessível para os padrões de Dubai. Há também champanhes, cervejas, destilados e refrigerantes, além de alguns lanches ótimos e uma generosa tábua de queijos.

Clubes

iBO

Millennium Airport Hotel, Garhoud ☎ 04-282 1844. Diariam 23h-3h. Nos fundos do hotel Millenium Airport, este clube novo e um tanto incomum atrai público bem eclético e DJs locais emergentes, além de trazer nomes internacionais. O valor da entrada varia conforme o DJ da noite.

Mix

Grand Hyatt, Oud Metha ☎ 04-317 1234. Diariam 21h-3h, exceto sáb. Um dos maiores e mais antigos clubes de Dubai começa a dar sinais de decadência, embora continue requisitado nos fins de semana. Tem dois andares, um com tecno e o outro com R&B, e há também noites temáticas indianas, iranianas e de R&B. Quando algum DJ internacional famoso se apresenta é preciso pagar algo em torno de DH$ 30-60.

Oxygen

Al Bustan Rotana, Garhoud ☎ 04-705 4539. Diariam 20h-3h. Outro antigo clube noturno de Dubai, é menos pretensioso do que muitos concorrentes, embora a decoração esteja mais para um saguão de hotel do que para um lugar urbano moderno. Na pista de dança de tamanho decente, DJs locais e internacionais, fora algumas bandas ocasionais, apresentam uma seleção eclética de house e ritmos árabes, comandando também noites temáticas iranianas, indianas e filipinas. Muitas promoções de drinques baratos mantêm o clima efervescente. Entrada grátis, exceto na sexta-feira, quando homens desacompanhados pagam DH$ 100.

Sheikh Zayed Road

Cerca de 3 km ao sul do Creek, os subúrbios afluentes ao sul de Dubai têm início de forma espetacular com a massa de arranha-céus da Sheikh Zayed Road – uma vasta via expressa de dez pistas ladeadas por uma seqüência extraordinária de espigões, que mais parecem ícones pós-modernos de um bizarro desfile de beleza arquitetônica. Este é o lado mais futurista, vistoso e internacional da cidade, criando um contraste gritante com os velhos souks aglomerados e os abras do centro da cidade. Na verdade, se você passar algum tempo na parte antiga da cidade, a arquitetura de ficção científica, a elegância urbana e os prazeres cinco-estrelas da Sheikh Zayed Road podem lhe provocar uma espécie de choque cultural.

Em muitos aspectos, a Sheikh Zayed Road representa o cerne emblemático da moderna Dubai e o desejo insaciável da cidade de exibir mais luxo, brilho e andares do que a concorrência, a qual é representada pelas estupendas Emirates Towers e a série de hotéis de luxo, restaurantes e bares que se alinham na região, sem mencionar o Burj Dubai que, em breve, será o edifício mais alto do mundo. Na verdade, o apelo da Sheikh Zayed Road não se prende apenas à arquitetura. O real espírito dessa via se encontra dentro das próprias torres, nos cavernosos interiores dos

▲ SHEIKH ZAYED ROAD

A Sheikh Zayed Road cobre todo o trajeto de Dubai a Abu Dhabi, sendo a principal via de ligação entre os dois emirados, assim como entre as diversas áreas bem separadas ao sul da cidade. Na prática, porém, quando as pessoas se referem à "Sheikh Zayed Road", muitas vezes isso significa a parte central de Dubai **entre a Interchange n° 1 e a Trade Centre Roundabout** (também conhecida como Za'abeel Roundabout), que parte do hotel Dusit Dubai e vai até o norte das Emirates Towers, onde há a maior concentração de hotéis, restaurantes e lojas. É nesse sentido que se usa o nome. Atrações mais ao sul na Sheikh Zayed Road depois da Interchange n° 1, como o Mall of the Emirates e o Ibn Battuta Mall, serão abordadas em capítulos posteriores.

vários hotéis cinco-estrelas, que dão uma visão desorientadora dos universos cosmopolitas da cidade – muito embora por vezes esquizofrenicamente separados –, desde ruidosos pubs ingleses e restaurantes libaneses impregnados da fumaça dos narguilés até elegantes bares e clubes pós-modernos, nos quais se passa uma noite multicultural típica de Dubai entre canecos de cerveja lager, *mezze* árabes e drinques sofisticados.

Emirates Towers

Depois do Burj Al Arab, as elevadas Emirates Towers são o maior símbolo da moderna Dubai. Inauguradas em 2000, as duas torres são o 12° e o 27° edifícios mais altos do mundo, com 355 m e 309 m respectivamente. A mais elevada entre elas atualmente é o edifício mais impressionante da cidade, pelo menos enquanto o Burj Dubai não estiver concluído. Além de extremamente grandes, as torres também são belíssimas. A base triangular e os cumes incomuns lhes conferem uma graça futurista, ao passo que os diferentes efeitos exercidos pelo forte contraste de luz e sombra do deserto sobre as bordas afiadas e superfícies refletivas dos edifícios são igualmente mágicos.

▲ EMIRATES TOWERS

A torre mais alta abriga os escritórios da companhia aérea Emirates e a mais baixa sedia o exclusivo hotel Emirates Towers (pág. 175). Uma curiosidade é que a torre de escritórios tem apenas dois andares a mais do que a torre do hotel, mais precisamente 56 e 54 andares. A torre comercial não é aberta ao público, mas há muitas

Como atravessar a Sheikh Zayed Road

Os responsáveis pelo planejamento urbano de Dubai, notoriamente avessos a pedestres, podem ter criado uma das paisagens urbanas mais impressionantes do século 21, mas parecem ter negligenciado uma consideração básica: uma maneira de ir a pé de um lado a outro da via. A situação em toda a Sheikh Zayed Road é muito frustrante, só havendo duas maneiras de atravessá-la. A primeira é a passarela para pedestres que liga o hotel Fairmont ao complexo World Trade Centre. A segunda, um pouco mais ao sul, é a passagem subterrânea para pedestres, que segue o túnel da via que parte do Crowne Plaza e vai até o norte das Emirates Towers. Mais ao sul, simplesmente não há meio de cruzar a via de dez pistas, a menos que a pessoa tenha tendências suicidas. Se estiver hospedado no Dusit Dubai, por exemplo, e quiser jantar no Shangri-La, que fica do lado oposto da via, você é obrigado a pegar um táxi.

oportunidades de circular pela torre do hotel, cujo ponto mais espetacular é o restaurante e bar Vu's (págs. 103 e 105) no 50° e no 51° andar.

Arredores das Emirates Towers

A área que circunda as Emirates Towers é o pólo comercial e financeiro internacional de Dubai, ou seja, o equivalente local da City de Londres ou da Wall Street de Nova York. Logo ao sul das Emirates Towers estende-se o Dubai International Financial Centre, com conclusão prevista para 2008, cuja extremidade norte é marcada pelo surpreendente The Gate (2004), edifício de escritórios que é uma espécie de Arco do Triunfo pós-moderno e sede da Dubai Stock Exchange.

Ao norte das Emirates Towers fica o International Exhibition and Conference Centre, em cujo interior é fácil se perder a caminho dos dois ótimos bares do Novotel (pág. 104), que fica na extremidade do Exhibition and Conference Centre. Este complexo é parte do Dubai World Trade Centre, cuja torre marcante se eleva acima da Trade Centre Roundabout. Ao ser concluído em 1979, este edifício de 39 andares (149 m) era o mais alto da cidade e, embora hoje pareça antiquado e sem graça em comparação com os edifícios mais recentes na área, ainda é alvo de uma certa afeição nostálgica por parte de dubaienses que ainda lembram como era a Sheikh Zayed Road no passado.

Sul da Sheikh Zayed Road

Ao sul das Emirates Towers, a Sheikh Zayed Road continua ladeada quase ininterruptamente por espigões. Poucos são dignos de nota e alguns são voltados a pedestres, mas seu efeito conjunto – com vastas massas verticais de vidro e aço – é vertiginosamente impressionante e a falta

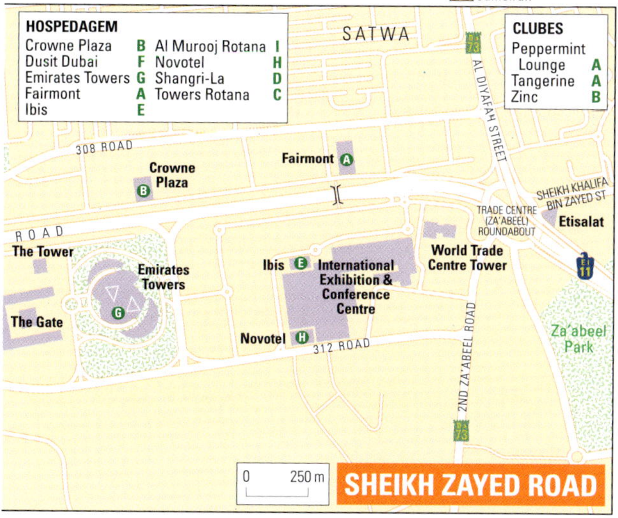

de estilo é compensada por exemplos regulares de extravagâncias e senso lúdico arquitetônicos. Imediatamente ao sul das Emirates Towers (ao lado do Dubai International Financial Centre), The Tower é um dos edifícios mais belos da área, lembrando os de Nova York com sua aparência levemente Art Déco e adornos metálicos inspirados em copas de palmeiras. Mais adiante fica a curiosa Al Attar Tower, que parece ter sido inteiramente construída com chapas de vidro e enormes moedas douradas, sendo que na mesma via ficam a Chelsea Tower, encimada por uma haste enorme, e a vizinha Sheikh Issa Tower (acima do Applebees Café), que parece feita de gigantescos tijolos vermelhos e marrons da Lego. O trecho termina de forma arrebatadora com o icônico hotel Dusit Dubai, edifício alto de vidro e metal construído pelos proprietários tailandeses no formato de um gigantesco diapasão, embora a inspiração real tenha sido um gesto de saudação tradicional na Tailândia.

Dubai Camel Racecourse

Uns 5 km adentro da Sheikh Zayed Road, o bairro de Nad Al Sheba, do qual a maior parte permanece um deserto intocado, sedia uma das atrações mais pitorescas da cidade, a Dubai Camel Racecourse. Com entrada gratuita, tem corridas de camelos durante o inverno (nov-abr), em geral às

▼ CORRIDA DE CAMELOS EM NAD AL SHEBA

Burj Dubai

Em vista da obsessão da cidade em ter uma versão maior, mais cara e exagerada de tudo – de hotéis subaquáticos a shopping centers com quilômetros de extensão –, não surpreende que aqui esteja sendo construído **o edifício mais alto do mundo**, o Burj Dubai ("Torre de Dubai"; www.burjdubaiskyscraper.com), logo ao sul da Interchange 1 na Sheikh Zayed Road. As obras começaram em abril de 2005, sob a direção da empresa norte-americana Skidmore, Owings and Merrill (cujo currículo inclui a famosa Sears Tower de Chicago, edifício mais alto do mundo até 1997). As dimensões finais da torre continuam em segredo para que outros países não tentem sobrepujá-las, mas especula-se que ela terá cerca de 800 m de altura e 160 andares – superando o atual detentor do título de prédio mais alto do mundo, a torre Taipai 101, de 508 m, em Taipei, Taiwan, e outros concorrentes, incluindo a Freedom Tower de Nova York, que ocupará o lugar dos edifícios destruídos do World Trade Center, e outro projeto da empresa Skidmore, Owings and Merrill. Com conclusão prevista para 2008, o Burj ganha em média um andar por semana e em janeiro de 2007 já tinha mais de cem andares, constituindo-se em um marco visível no skyline da cidade.

Tamanho, porém, não é tudo. O interior da torre será projetado por Giorgio Armani, que ocupará os 37 primeiros andares com o primeiro hotel Armani do mundo. Do 45° ao 108° andares haverá apartamentos privados, cuja venda se esgotou nas primeiras oito horas do lançamento, e também um mirante com acesso por meio dos elevadores mais velozes do mundo. A torre será ainda o elemento central de um imenso complexo orçado em torno de US$ 8 bilhões, que terá apartamentos residenciais e o vasto **Mall of Arabia**, com conclusão também prevista para 2008.

Por ironia, apesar de sua corrida desenfreada em direção ao céu, o Burj Dubai pode ser logo superado por outro megaempreendimento na cidade, a torre **Al Burj** do projeto Dubai Waterfront (pág. 129). Segundo rumores, essa torre poderá ser a primeira a ultrapassar a marca de um quilômetro de altura.

▼ BURJ DUBAI EM CONSTRUÇÃO

quintas e sextas-feiras das 7h às 20h30 (informe-se pelo ☎04-338 1168 ou nos postos de informações turísticas da cidade). Mesmo que não haja corridas, vale a pena ver os animais sendo treinados no início da manhã (por volta das 7h-9h/10h). Esta cena cativante, que é uma das imagens clássicas de Dubai, tem como pano de fundo distante os arranha-céus da Sheikh Zayed Road e envolve centenas de animais com adereços coloridos e seus cavaleiros de vestes pesadas marchando e às vezes galopando no deserto, enquanto seus proprietários seguem de perto a bordo de veículos 4X4 dando gritos de incentivo.

Nad Al Sheba Racecourse
Cerca de 1 km depois da Dubai Camel Racecourse, a mais moderna Nad Al Sheba Racecourse (Ⓦwww.nadalshebaclub.com) é um dos pólos mundiais de corridas de cavalos. A temporada de corridas (detalhes em www.emiratesracing.com) vai de novembro a março, culminando com a fabulosa Dubai World Cup, a corrida de cavalos mais rica do mundo, com uma premiação de US$ 6 milhões em dinheiro. Há corridas todas as noites a partir de 19h. A entrada para as arquibancadas é grátis, mas para o Gainsborough Lounge, onde há boas opções gastronômicas, há taxa de DH$ 75-100 dependendo da noite. Só não espere recuperar seu dinheiro fazendo apostas, pois isso é ilegal nos EAU. Os aficionados por hipismo podem também fazer uma visita guiada às baias (set-jun seg, qua e sáb às 7h; DH$ 170; reservas pelo Ⓣ04-336 3666). Fundados pela família

Dubailand

O que há de maior em uma cidade de coisas cada vez maiores, o novo empreendimento Dubailand (Ⓦwww.dubailand.ae) promete fazer com que todos os outros parques temáticos e complexos de entretenimento do mundo pareçam modestos playgrounds. Ocupando uma imensa área ao sul da cidade, a Dubailand pretende tornar-se a atração turística mais grandiosa e espetacular do planeta, e a peça-chave da indústria turística de Dubai nas próximas décadas. O empreendimento terá uma mistura de parques temáticos, shopping centers, estruturas esportivas e de lazer, nisso incluídos numerosos hotéis e restaurantes, e áreas residenciais. Cobrirá 280 km^2 – o dobro do Walt Disney World Resort na Flórida, que atualmente é o maior complexo de diversão do mundo –, ampliando bastante o tamanho da cidade.

O cerne do projeto é uma seqüência de imensos parques temáticos, entre os quais o enorme parque aquático **Aqua Dubai**; o parque de lazer na neve e no gelo **Snowdome**, situado no maior domo suspenso do mundo; a **Dubai Sports City**, com estádios e outras estruturas com a mais avançada tecnologia; a **Great Dubai Wheel**, equivalente à London Eye (embora bem maior, é claro); o **Islamic Culture and Science World**; a **Fun City**, com um parque temático de faraós; o parque temático de dinossauros **Restless Planet**, com mais de uma centena de dinos em animatronic; e a **Falcon City of Wonders**, com réplicas em tamanho natural das sete maravilhas do mundo. Obviamente, haverá também uma infinidade de lojas, incluindo o vasto **Mall of Arabia** em estilo do Oriente Médio, que deverá ser o maior shopping center do mundo; e o adjacente **Wadi Walk**, um canal de 10 km ladeado por caminhos sombreados com mais lugares onde fazer compras, comer e beber. Também em andamento, o empreendimento **Bawadi** terá mais de 30 hotéis, totalizando cerca de 30 mil quartos, incluindo, naturalmente, o **maior hotel do mundo**, o Asia-Asia (6.500 quartos), além de unidades residenciais e áreas de lazer.

As primeiras atrações deverão ser inauguradas em 2008, com a primeira parte do Bawadi começando a funcionar em 2010. O projeto todo deverá ser concluído por volta de 2015-2018.

governante Maktoum em 1994, os Estábulos Godolphin tornaram-se rapidamente sinônimo de excelência mundial. As visitas incluem o treinamento matinal, a Godolphin Gallery, onde há exposições sobre a história e os feitos hípicos dos estábulos, a tribuna de honra e um farto café-da-manhã na sede do clube.

Lojas

Emirates Towers Boulevard

Emirates Towers. Sáb-qui 10h-22h, sex 16h-22h. Nos dois primeiros andares do edifício de escritórios das Emirates Towers, este shopping pequeno e muito exclusivo é o que há de mais chique para os padrões dubaienses. O piso de mármore é tão lustroso que quase serve de espelho para retocar a maquiagem antes de partir para as lojas pequenas e de primeira classe que se alinham pelos corredores, incluindo Jimmy Choo para sapatos sexy, Prada, Emporio Armani, Bulgari, Cartier, Gucci, Yves Saint-Laurent e a loja de moda feminina Villa Moda, uma obra de arte consumista com araras repletas de grifes como Alexander McQueen, Miu Miu, Stella McCartney, Marni e Missoni. Há também La Casa del Havana, melhor charutaria de Dubai, e duas elegantes lojas iranianas de tapetes. A praça de alimentação tem opções excelentes, incluindo The Noodle House (pág. 101), Al Nafoorah (pág. 101) e The Agency (pág.103), e fica bem animada à noite, sobretudo nos fins de semana, quando fica lotada de estressados estrangeiros radicados na cidade que não economizam nas demonstrações de enfado.

▼ VILLA MODA

▲ EMIRATES TOWERS BOULEVARD

Persian Carpet House

Ao lado da Noodle House, piso térreo, Emirates Boulevard. Sáb-qui 10h-22h, sex 14h-22h. À altura do Emirates Towers Boulevard, esta excelente loja tem tapetes de alta qualidade e alguns kilims do Irã, Paquistão, Afeganistão e da Caxemira, com preços entre DH$ 500 e DH$ 500 mil ou mais. A maioria deles é nova, mas há também alguns tapetes antigos à venda. Oferece ainda artes e artesanatos finos, incluindo organzas ricamente bordadas e pashminas da Caxemira, alguns artigos dotados de contas, antiguidades de prata árabes, iranianas e paquistanesas, coloridas luminárias turcas e itens colecionáveis. Tem uma filial bem sortida no shopping Holiday Centre, ao lado do hotel Crowne Plaza.

Restaurantes

Além de sua invejável série de restaurantes em hotéis de classe (dos quais os melhores estão relacionados a seguir), a Sheikh Zayed Road tem muitos estabelecimentos mais simples, a maioria deles nos andares térreos de diversos edifícios, e usuais redes internacionais como KFC, McDonald's e o recém-aberto Wagamama no Crowne Plaza. Há também numerosos cafés descontraídos com mesas na calçada (como o charmoso Shakespeare & Co., pág. 102), que atraem um público glamouroso de árabes de várias procedências que vêm fumar narguilé e comer *mezze* antes de seguir para bares ou clubes noturnos mais sofisticados da área.

Benjarong

24° andar, Dusit Dubai. ☎04-343 3333. Diariam 12h-15h e 19h-23h30. Como este hotel excelente pertence a tailandeses, é natural que seu restaurante ofereça uma das melhores cozinhas tailandesas de Dubai. Em um pavilhão de madeira de tons delicados, o elegante restaurante tem um menu extenso, particularmente forte em peixes e frutos-do-mar, além de uma infinidade de curries, incluindo alguns bem suaves com amendoim e outros adocicados. Há também diversas sopas, saladas e opções vegetarianas, tudo a preços bem acessíveis. Pratos a partir de DH$ 35.

▲ BENJARONG

The Exchange Grill

Fairmont Hotel ☎04-332 5555. Diariam 19h-24h. Esta steakhouse pequena e bem exclusiva mais parece o salão de um clube privado do que um restaurante, com apenas 14 mesas em meio a imensas poltronas de couro. Você pode escolher entre filé mignon, lombo em tiras New York, T-bone, miolo de costela e *wagyu*, sem mencionar lagosta de Omã e patas de caranguejo do Alasca, depois examinar a extensa carta de vinhos e, através dos janelões, apreciar as vistas do tráfego tumultuado na Sheikh Zayed Road. Pratos a partir de DH$ 135.

Hoi An

Shangri-La ☎04-343 8888. Diariam 18h30-1h. Um dos estabelecimentos pequenos, porém bem montados de Shangri-La, o Hoi An serve cozinha franco-vietnamita em um ambiente elegante revestido de madeira e com janelas de treliças e persianas em estilo colonial francês. O menu combina pratos e ingredientes asiáticos tradicionais com modernas técnicas de preparo continentais, resultando em criações *fusion* delicadas e aromáticas como crepes de arroz com pitus e vieiras, lombo bovino marinado em conhaque e salteado em wok, galinha com capim-limão e brotos de bambu. Pratos a partir de DH$ 70.

Latino House

Al Murooj Rotana ☎04-321 1111. Diariam 12h-15h e 19h-23h30. Possivelmente o melhor entre os raros restaurantes latino-americanos de Dubai. O menu tem suculentos steaks (a partir de DH$ 15) em porções estranhamente sexistas para "ladies" e "gentlemen", pratos latinos tradicionais com toques mais elaborados como *pollo con cacao* (galinha recheada com uma pasta mexicana condimentada e molho de chocolate, acompanhada de feijão preto), e algumas opções mais despretensiosas, como chilli com carne, burritos e tacos. Pratos a partir de DH$ 75.

Marrakech

Shangri-La ☎04-343 8888. Sáb-qui 18h30-1h. Compete com o Tagine (pág. 136) pelo título de melhor restaurante marroquino de Dubai. A decoração – uma mistura sutil de azulejos em tom verde pálido e arcos mouriscos com cúspides – é encantadora. Já a comida faz uso com galhardia de todas as bases padrão da cozinha marroquina, abrangendo sopa harira, tagines de peixe e carne, kebabs e opções de cuscuz. Pratos a partir de DH$ 70.

Mosaico

Emirates Towers ☎04-319 8088. Aberto 24h; bufês de café-da-manhã e almoço; à la carte a partir das 19h. Restaurante italiano grande e moderno nos fundos do saguão do Emirates Towers Hotel, suas persianas dão vista para a piscina do hotel e as torres da Sheikh Zayed Road mais adiante. É injustamente negligenciado em favor dos outros restaurantes nas Emirates Towers, pois sua cozinha é de alta qualidade. Serve pizzas, pratos de carne e peixe, e massas criativas como espaguete com tinta de lula, lagosta de Omã e presunto de Parma ou pene gigante com polvo. Pratos a partir de DH$ 35.

Al Nafoorah

Emirates Towers Boulevard ☎04-319 8088. Sáb-qui 12h30-15h15 e 20h-24h, sex 13h-15h30 e 20h-24h. Um dos melhores restaurantes do Oriente Médio da cidade, mais parece um estabelecimento parisiense um tanto formal, com imensas toalhas de mesa brancas, lustres adornados e elegantes fotos antigas em preto-e-branco nas paredes. A comida é melhor ainda, incluindo excelentes pães e petiscos servidos logo na chegada, ótimos *mezze*, pratos deliciosos de peixe, carne e kebabs. Os preços também são bons, com *mezze* a partir de DH$ 20 e pratos a partir de DH$ 25.

The Noodle House

Emirates Towers Boulevard. Diariam 12h-23h20. Verdadeira instituição em Dubai, esta casa de talharim barateira e animada tem uma clientela imensa que se acomoda em longas mesas comunitárias para se abastecer de excelentes pratos chineses e do Sudeste Asiático. Isso inclui curry *laksa, tom yam*, talharins de Cingapura e condimentada carne bovina de Sichuan. Como não faz reservas, às vezes há fila de espera. Pratos a partir de DH$ 35. Tem filiais no Madinat Jumeirah e no Bur Juman Centre, mas nenhuma tem a atmosfera do restaurante original.

Sakura

Crowne Plaza ☎04-305 6338. Diariam 19h-23h30. Este aconchegante restaurante japonês oferece boas opções à la carte no salão principal,

▼ THE NOODLE HOUSE

no sushi bar ou na área mais divertida de teppanyaki, onde a comida é frita na sua frente pelos *chefs* dignos de um Oscar. O menu tem todos os favoritos japoneses, como sashimi, makizushi, sukiyaki, yakimono, menrui, shabu shabu e tempurá. Teppanyaki a partir de DH$ 50, sushi a partir de DH$ 10 e pratos a partir de DH$ 70.

Shakespeare & Co.

Al Attar Business Tower, 37 Street. Diariam 7h-12h30. Um dos mais atrativos entre os vários cafés com narguilé ao longo da Sheikh Zayed Road, tem decoração bem original e móveis antiquados, dos quais alguns parecem ter sido roubados da casa de anciãos. Há boas saladas, pizzas e sanduíches (por cerca de DH$ 30), além de alguns pratos de carne. O aconchegante terraço externo coberto é ideal para fumar narguilé. O café fica meio escondido na 37 Street, ao lado do caixa eletrônico do HSBC na lateral da Attar Business Tower.

Shang Palace

Shangri-La Hotel ☎04-343 8888. Diariam 12h-15h e 20h-24h. Este restaurante circular e intimista é especializado em cozinha cantonesa tradicional de alta qualidade, o que inclui pratos de carne e frutos-do-mar, vários dim sum e curiosidades como diversas receitas com pombo, como o pombo frito em wok. Há também menus de dim sum na hora do almoço (diariam 11h30-12h30, exceto sex; DH$ 68-88 por pessoa). Pratos a partir de DH$ 45.

Spectrum on One

Fairmont Hotel ☎04-311 8101. Diariam 18h30-3h, sex também 12h-15h. Este belo restaurante moderno é por si só uma boa escolha, mas tem também o diferencial de dispor de sete diferentes cozinhas especializadas, o que lhe permite misturar os menus árabe, indiano, chinês, japonês, tailandês, europeu e de frutos-do-mar. O conceito é típico da mania dubaiense de exagerar em tudo, mas a comida é realmente boa. Aliás, em que outro lugar você

▼ SPECTRUM ON ONE

poderia fazer uma refeição composta de sashimi, tikka masala de galinha e sorvete italiano, e encerrá-la com chá inglês e tâmaras cobertas de chocolate? Pratos a partir de DH$ 60.

Al Tannour

Crowne Plaza ☎04-331 1111. Diariam 20h-3h. Este restaurante grande do Oriente Médio e meio parecido com um celeiro não chama atenção, mas tem um agradável clima descontraído. Embora o serviço não prime pela eficiência, há bons pratos, desde os usuais *mezze* a aromáticos pratos de peixe e kebabs, acompanhados por pães deliciosos feitos na hora por uma senhora trajada de branco. O lugar é bem animado à noite, quando há música ao vivo e dança do ventre entre 23h e 2h. No início da noite, vale mais a pena ir ao Al Nafoorah (pág. 101) que fica perto.

Trader Vic's

Crowne Plaza ☎04-305 6399. Sáb-qui 12h30-15h e 19h-23h30, qui até 24h, sex 19h-23h30; bar diariam 18h-1h30, happy hour 18h-20h. Este animado restaurante de temática polinésia é conhecido pelos drinques fortes, clima festivo e a banda cubana que toca todas noites entre 21h20 e 1h30, exceto em domingos alternados. O menu caro apresenta porções generosas de grelhados, frutos-do-mar e pratos asiáticos com sabores vívidos. Na verdade, o nível da comida é o de um pub de alta qualidade, o que o lugar não deixa de ser. Pratos a partir de DH$ 70.

Vu's Restaurant

50° andar, Emirates Towers Hotel. 04-319 8088. Diariam 12h30-14h30 e 19h30-23h15. Quase no topo do Emirates Towers Hotel, este restaurante elegante e um tanto formal é o mais alto da cidade. Sua maior atração é a vista, mas oferece também uma das melhores experiências gastronômicas internacionais da cidade servindo cozinha européia moderna com influência asiática. Alguns exemplos são a *cocotte* de aspargos brancos e *foie gras* com salada de carne *wagyu* marinada, e bacalhau da Patagônia, com chouriço, parmesão, semolina e molho de camarão. Vá para o almoço executivo de três pratos (DH$ 130) ou para jantar com calma escolhendo à la carte. Pratos a partir de DH$ 90.

Bares

The Agency

Emirates Towers Boulevard. Sáb-qui 12h30-1h, ter-qui até 2h, sex 15h-1h. Bar de vinhos com painéis de madeira, é bem sossegado durante o dia, mas à noite costuma lotar com ruidosos estrangeiros radicados na cidade. A imensa e cara carta de vinhos oferece taças de vintages de todos os principais países produtores (a partir de DH$ 30) e na garrafa (de DH$ 125 até astronômicos DH$ 21.800 por um Château Pétrus de 1990), uma excelente seleção de rótulos franceses, opções de degustação (quatro taças de 80 ml a partir de DH$ 85) e vários champanhes (a partir de DH$ 620). Há um menu enxuto de petiscos caprichados.

▲ BLUE BAR

Blue Bar

Novotel, World Trade Centre, Sheikh Zayed Rd. Diariam 14h-2h. ☎ 04-332 0000. Elegante e relativamente calmo, este bar de jazz e blues é repleto de sofás macios, sons suaves e outros confortos, sendo ideal para um tête-à-tête romântico. O ponto alto é a boa seleção de cervejas belgas, mais do que drinques glamourosos e trajes caprichados. Há excelente jazz ao vivo na maioria das noites de quinta e sexta-feira, mas mesmo nessas ocasiões o clima continua sossegado.

Cin Cin

Fairmont Hotel. Diariam 18h-2h. Este incomum bar de vinhos ocupa quase um andar inteiro do Fairmont Hotel. Tem iluminação suave, sofás de couro e uma infinidade de garrafas à vista, além de um bar especial de rum e charutos em caixas que conservam a umidade do tabaco. Há 45 vinhos servidos na taça e cerca de 300 vintages (garrafas entre DH$ 150 e DH$ 49 mil). Ocasionalmente DJs ao vivo injetam animação extra ao ambiente.

Long's Bar

Towers Rotana Hotel, Sheikh Zayed Road. Diariam 12h-3h. Exibindo o bar mais longo do Oriente Médio, este pub em estilo inglês é um dos bares mais simpáticos e informais da área. Tem todas as bebidas usuais, trilha sonora pop-rock, TV exibindo esportes e outros confortos esperados, além de uma área separada onde é servida a típica comida de pub e uma pequena área de dança que se inflama ao som de DJs ou música ao vivo, assim como com as promoções de drinques mais perto da hora de fechamento.

Lotus One

World Trade Centre (ao lado do saguão do Novotel), Sheikh Zayed Road. Diariam 12h-2h. Bar glamouroso com decoração retrô-chique (almofadas macias, pufes peludos, velas em forma de lótus e duas cadeiras de balanço) e uma clientela ligada em tendências. Fica muito animado nas noites regulares com DJs, mas em outras ocasiões o clima se descontrai ao som de jazz e ritmos suaves. Tem uma lista

▼ LONG'S BAR

imensa de vodcas e outros destilados (por volta de DH$ 30), incluindo rum envelhecido, absinto e licor de cereja, além de algumas cervejas.

Vu's Bar

Emirates Towers. Diariam 17h-2h.
No 51° andar do hotel Emirates Tower, atualmente este é o bar mais alto de Dubai. Pequeno e intimista, tem janelas do teto ao chão em um dos lados que lhe dão o ar da cauda de um foguete espacial. A música baixa, a decoração escura, a iluminação suave e o ambiente discreto levam à contemplação das luzes da cidade abaixo. A imensa lista de bebidas inclui todos os tipos de coquetéis, drinques enfeitados, destilados, cervejas, vinhos e champanhes, tudo a preços levemente menos estratosféricos do que o esperado. Chegue às 17h para ver as luzes se acendendo.

Clubes

Peppermint Lounge

Fairmont Hotel ☎04-311 8101. Sex 22h-3h. Instalado no improvável cenário do Salão de Baile Barjeel no Fairmont Hotel, este clube noturno era o maior de Dubai quando este guia foi elaborado. Apresenta famosos DJs internacionais, além dos residentes MaDJam e Afroboogie, atraindo a sociedade afluente da cidade. O preço da entrada varia, mas em geral é de DH$ 60-120 para homens e grátis para mulheres.

Tangerine

Fairmont Hotel ☎04-311 8101.
Um dos clubes noturnos mais antigos e pretensiosos da cidade, estava com sua reabertura prevista para 2007, talvez com um novo nome, mas provavelmente manterá sua clientela de libaneses ricos radicados na cidade e o esquema de DJs ao vivo.

Zinc

Crowne Plaza ☎04-331 1111. Diariam 20h-3h. Um dos esteios da cena de clubes de Dubai, passou recentemente por uma reforma cara. Apresenta DJs internacionais às terças-feiras, incluindo a badalada noite Kinky Malinki London House, e nas demais conta com o DJ residente Greg Stainer. A tônica é uma mistura de house e hip-hop e uma das freqüências mais sofisticadas da cidade, incluindo tripulações de companhias aéreas de passagem pela cidade. Entrada grátis na maioria das noites (homens pagam DH$ 50 às terças-feiras).

▼ VU'S BAR

Jumeirah

A poucos quilômetros ao sul do Creek, o subúrbio de Jumeirah (ou Jumeira), no litoral, marca o início dos extensos bairros novos ao sul de Dubai. Os grandes terrenos com elegantes mansões térreas abrigam muitos moradores europeus ("os expatriados") e suas mulheres – imortalizadas na lenda local como as "Jumeirah Janes", que, segundo o estereótipo, passam os dias numa interminável ronda de almoços e festas na praia enquanto seus maridos dão duro para manter o estilo de vida a que elas se habituaram tão rapidamente.

O subúrbio se desenrola ao longo da Jumeirah Road, que acompanha toda a costa e é o foco principal da região, margeada por uma série de shopping centers e cafés, a maioria deles bastante discreta, a não ser o bizarro shopping Mercato, de temática italiana. O subúrbio também oferece algumas atrações mais modestas, que vão da tradicional mesquita Jumeirah e a Majlis Ghorfat Um Al Sheef até o mais hedonístico Jumeirah Beach Park, a praia pública mais badalada da cidade.

▼ MESQUITA JUMEIRAH

Mesquita Jumeirah

Jumeirah Rd. Visitas às ter, qui e dom 10h15-11h15 (visitas adicionais às vezes são organizadas durante o Ramadã); DH$ 10; menores de 5 anos não são permitidos. Erguendo-se orgulhosamente na extremidade norte da Jumeirah Road, a imponente Mesquita Jumeirah é uma das maiores e mais interessantes da cidade. Construída em estilo semifatímida (egípcio), o templo lembra em aparência (mas não em tamanho) as grandes mesquitas do Cairo, com um par de minaretes elevados, pequenas cúpulas delicadamente esculpidas e janelas com rica decoração, montadas em elaborados recessos retangulares – mas, assim como em vários edifícios de aspecto mais venerável de Dubai, as aparências enganam, pois ela foi construída em 1979. Também tem a atração adicional de ser a única mesquita em Dubai que pode ser visitada por não-muçulmanos, graças às três visitas semanais oferecidas pelo Sheikh Mohammed Center for Cultural Understanding (Ⓣ04-353 6666, Ⓦwww.cultures.ae). Guias informativos e divertidos explicam alguns dos preceitos e práticas básicos do islamismo antes de abrir espaço para perguntas sobre qualquer assunto – uma rara oportunidade de elucidar alguns dos intrigantes enigmas locais, seja uma descrição do funcionamento do calendário islâmico, seja uma explicação do que exatamente os homens do emirado usam embaixo das túnicas.

Hospital e mesquita iranianos

Al Wasl Rd. Erguendo-se dos dois lados da Al Wasl Road, a dez minutos a pé da Mesquita Jumeirah, no sentido do interior, os surpreendentes hospital e mesquita iranianos dão um colorido bem-vindo aos tons de concreto que predominam nesta parte da cidade. O hospital é um grande edifício moderno e de aparência funcional, revestido de modo original com uma quantidade enorme de lindos azulejos azuis e verdes, nos motivos florais abstratos preferidos pelos artistas iranianos. A mesquita é ainda mais bela, com sua cúpula de azulejos suntuosos e dois minaretes especialmente mágicos, sobretudo à luz mais tênue no início ou no fim do dia. Infelizmente, a mesquita é murada e só é possível vê-la a certa distância – a melhor vista é da pequena rua residencial que fica atrás dela, e não da Al Wasl Road.

Green Art Gallery

Villa 23, 51 St, junto à Jumeirah Rd e perto do Dubai Zoo. Diariam, exceto sex, 9h30-13h30, 16h30-20h30. ⓦwww.gagallery.com. A pequena e independente Green Art Gallery mantém acesa a chama da criatividade em meio à solidão cultural da Jumeirah Road, apresentando excelentes exposições de obras de artistas importantes do Oriente Médio, assim como de partes da Ásia. Se você estiver inspirado a comprar, espere pagar em torno de DH$ 5 mil ou mais por obras originais. Mas também há uma seleção de gravuras e fotos artísticas à venda por cerca de DH$ 500.

Dubai Zoo

O Dubai Zoo foi fundado em 1967 – o primeiro na península Arábica – e adquiriu uma vasta gama de animais desde então, quase todos tomados de contrabandistas detidos pelas autoridades alfandegárias dos EAU. A mistura resultante de animais adquiridos quase ao acaso inclui girafas, tigres, leões, chimpanzés e ursos-pardos, assim como mamíferos menores como lobos árabes e antílopes órix, além de aves variadas. Mas é difícil ver muito por causa das feias jaulas cobertas de arame grosso (instalado, ironicamente, para proteger os animais dos visitantes, e não o contrário – quando o zoológico foi inaugurado, os moradores vinham armados de paus para provocar os animais, e o comportamento de muitos visitantes atuais não é muito melhor). Infelizmente, o lugar tornou-se gravemente lotado e muito deprimente, uma situação que será remediada quando o zôo se mudar em 2008 para as novas instalações no estilo parque-safári nos limites da cidade, perto do Mushrif Park.

Mercato Shopping Mall

Jumeirah Rd. Sáb-qui 10h-22h, sex 14h-22h. ⓦwww.MercatoShoppingMall.com. Mais ou menos na metade da Jumeirah Road, o atraente shopping Mercato é uma das principais atrações

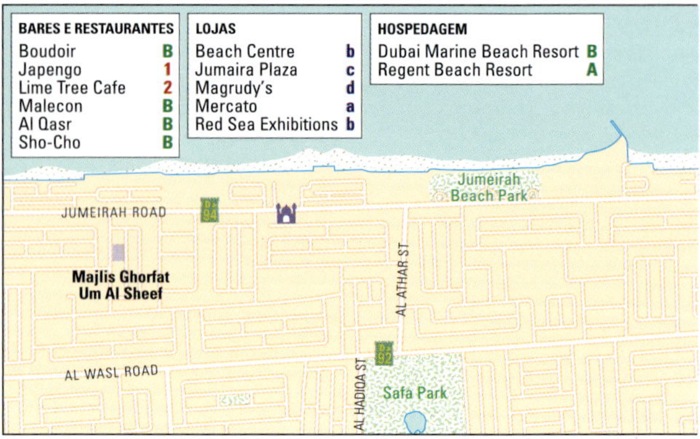

turísticas da área e vale uma visita, mesmo que você não pretenda realmente comprar nada. Parecendo uma cidade italiana medieval em miniatura reconstruída pela Disney Corporation, o shopping inclui uma série de palácios em estilo meio veneziano, meio toscano, em cores vivas, dispostos ao redor de um pátio central dominado por terraços panorâmicos, com passagens laterais que levam a praças menores de cada lado – um exemplo memorável do tipo de kitsch ousado mas divertido que Dubai parece fazer tão bem. Não é de surpreender que se tenha tornado imensamente concorrido e as alamedas que imitam Florença fiquem lotadas quase a qualquer hora do dia e da noite por uma multidão bem eclética. As "Jumeirah Janes" entram e saem das butiques de estilistas e grupos de homens de túnicas brancas tomam café no Starbucks do andar térreo, enquanto suas mulheres veladas e as empregadas filipinas sobem com as crianças para comer hambúrgueres com fritas no McDonald's – um exemplo perfeito do caráter multicultural da moderna Dubai. Mais informações sobre as lojas do Mercato na pág. 111.

▼ MERCATO MALL

Jumeirah Beach Park

Jumeirah Rd. Diariam 7h-22h30, qui-sáb até 23h; seg só mulheres; DH$ 5. Apertado entre o mar e a Jumeirah Road, perto da extremidade sul dos subúrbios, o Jumeirah Beach Park é certamente o melhor parque e melhor praia pública de Dubai – muito popular entre os moradores e os turistas loucos por praia que ficam nos hotéis do centro da cidade. A praia é grande o suficiente para absorver as multidões: a larga faixa de areia branca é atendida por

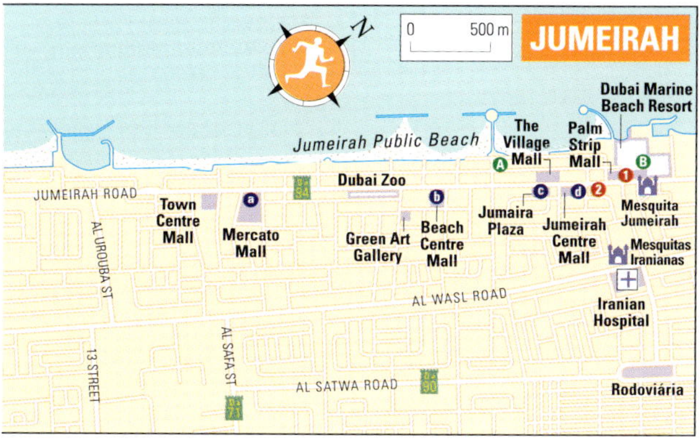

salva-vidas e equipada com espreguiçadeiras e guarda-sóis, enquanto a agradável faixa arborizada do parque atrás dela tem gramados sombreados para piqueniques, instalações para churrasco, alguns cafés e uma área de playground bem equipada. O lado ruim é que as mulheres em trajes de banho (acompanhadas ou não) são muitas vezes vítimas de olhares insistentes e fotografias disfarçadas de bandos de indianos e paquistaneses famintos por sexo; as segundas-feiras, quando só mulheres são admitidas no parque, oferecem um alívio merecido.

Safa Park

Al Wasl Rd. Diariam 8h-23h, qui-sáb até 23h30; DH$ 3. Ao lado da Al Wasl Road, a alguns quarteirões para o interior, o Safa Park oferece uma refrescante extensão de gramados, com o impressionante pano de fundo dos arranha-céus da Sheikh Zayed Road. O parque é bem equipado com atrações para crianças, incluindo diversas áreas para brincadeiras, um lago com botes e uma área de parque de diversões em

▼ JUMEIRAH BEACH PARK

miniatura com carrossel, uma (pequena) roda-gigante, carros de batida, jogos eletrônicos, trampolins e três escorregadores gigantes. Algumas das atrações só funcionam à noite.

Majlis Ghorfat Um Al Sheef

17 Street, junto à Jumeirah Rd. Sáb-qui 8h30-13h30, 15h30-20h30, sex 15h30-20h30; DH$ 1. Escondida em uma rua transversal perto da extremidade sul da Jumeirah Road, a modesta e pequena Majlis Ghorfat Um Al Sheef oferece uma emocionante lembrança da antiga Dubai, hoje quase abandonada em meio a um mar de mansões modernas e elegantes. Construída em 1955, quando Jumeirah era apenas uma pequena aldeia de pescadores, esta modesta casinha tradicional foi usada como refúgio de verão pelo xeque Rashid, o inspirador do espetacular desenvolvimento da Dubai moderna, e abrigou muitas discussões sobre o futuro da cidade que levaram a sua dramática explosão econômica nas décadas de 1960 e 70. O prédio de dois andares serve como lembrança de tempos antigos e mais simples: é uma sólida construção de coral com gipsita encimada por um par de torres de vento e enfeitada com belas portas e janelas de teca maciça, tudo envolto por um jardim árabe à moda antiga, com tamareiras e canais de irrigação (*falaj*). A *majlis* (sala de reuniões) fica no andar superior, com almofadas espalhadas, além de paredes e piso adornados com uma modesta seleção de objetos domésticos – um rádio e um relógio europeus antiquados, espingardas, lamparinas e cafeteiras – que na Dubai dos anos 1950 eram considerados todo o luxo necessário, mesmo na residência do xeque reinante – muito distante dos confortos sete-estrelas desfrutados pelos habitantes de hoje.

A *majlis* é um pouco difícil de encontrar (e os motoristas de táxi em geral não a conhecem). Procure o banco HSBC e a farmácia BinSina na esquina da 17 Street com Jumeirah Road. Siga na 17 Street por cerca de 50 m; a *majlis* fica à sua esquerda.

▼ MAJLIS GHORFAT UM AL SHEEF

Lojas

Beach Centre

Jumeirah Rd. Diariam 10h-13h, 16h30-21h30, sex 16h30-21h. Este é um dos mais atraentes dos infindáveis shopping centers que se estendem ao longo da Jumeirah Road, graças ao interessante grupo de lojas de artesanato e curiosidades no andar superior, entre as quais Red Sea Exhibitions (pág. ao lado), Moroccan Treasures, Barcelona Shoes e Abdul Ghani Sharaf Novelties. Também há uma filial

▲ JUMAIRA PLAZA

da rede de restaurantes Lebanese Automatic (pág. 61).

Jumaira Plaza

Jumeirah Rd. Sáb-qui 6h-24h, sex 12h-24h. Este reluzente shopping cor-de-rosa é o maior e o melhor dos vários centros comerciais da extremidade norte da Jumeirah Road. As lojas incluem o Damascus Palace (que vende belas lâmpadas árabes), a Kashmir Crafts, bem estocada com todo tipo de artigos colecionáveis, e a interessante Wajahat and Sujhat Carpets. O pequeno e bem administrado sebo de livros House of Prose, ao lado da casa de tapetes, geralmente tem poucos títulos, apresentando principalmente o tipo de literatura inferior com que as mulheres entediadas dos executivos estrangeiros preenchem o tempo entre a praia e os coquetéis. Também há uma bem-vinda filial do excelente Dôme Café (pág. 59).

Magrudy's

Magrudy's Centre, Jumeirah Rd. Sáb-qui 9h-21h, sex 16h30-21h. Uma pequena mas bem abastecida livraria (pelos padrões locais), com bons títulos relacionados ao Oriente Médio, mais um leque razoável de ficção e outros títulos em inglês. Há outras filiais nos shoppings Deira City Centre, BurJuman e Ibn Battuta, no Spinneys em Jumeirah e também no shopping Mercato.

Mercato

Jumeirah Rd. Sáb-qui 10h-22h, sex 14h-22h. Este shopping de temática italiana (pág. 108) é pequeno se comparado a muitos outros da cidade, mas reúne uma boa seleção de lojas elegantes, especialmente de roupas de grife de primeira linha (como Boss, Armani e Diesel), assim como algumas butiques femininas interessantes, como Fleurt e Moda Brazil. Também há uma Virgin Megastore, lojas de tapetes caros e uma boa variedade de lugares para comer e beber.

Red Sea Exhibitions

Beach Centre, Jumeirah Rd. Sáb-qui 9h-13h, 16h-22h, sex 16h-22h. Uma seleção luxuosa mas com bons preços de tapetes e kilims de todos os principais países produtores, incluindo alguns antigos, assim como tapetes de seda pura e de misturas de lã e seda. Há pequenos tapetes por até DH$ 150-200, mas você provavelmente ficará tentado a comprar algo maior.

Cafés

Japengo

Palm Strip Mall, Jumeirah Rd. Diariam, 11h30-1h, sex-sáb até 2h. Esta é a matriz da animada rede de cafés-restaurantes de Dubai, com decoração chique, jazz tocando e ambiente divertido. O cardápio é o mais absolutamente eclético da cidade, com uma longa lista de pratos japoneses (sushi, sashimi, yakisoba) misturados com especialidades do Oriente Médio, frituras do Sudeste Asiático, pizzas e massas, mais sanduíches, saladas e uma série de "especialidades" Japengo, que significam de tudo, desde yakitori até costeletas de cordeiro. O resultado final dessa variada culinária dubaiense é muito mais saboroso e mais coerente do que você poderia temer, e os preços são bons – pena que eles não sirvam bebidas alcoólicas. Pratos principais a partir de DH$ 35. Há outras filiais em Wafi City, BurJuman, na Oasis Tower na Sheikh Zayed Road, Madinat Jumeirah e lbn Battuta Mall.

Lime Tree Café

Jumeirah Rd. Qui-sáb 7h30-1h, sáb-qua 7h30-23h. Sentado neste pequeno e agitado café verde e laranja, entre a comunidade local de senhoras estrangeiras que almoçam, você precisa se beliscar para acreditar que está realmente em Dubai, e não em um subúrbio ascendente de Londres ou Melbourne. O lugar está eternamente movimentado, graças a seus pratos fartos com preços razoáveis: *focaccias, panini,* quiches, saladas e bolos engordativos, assim como saborosos sucos de frutas. Há outra filial no Ibn Battuta Mall (pág. 133).

Restaurantes e bares

Al Qasr

Dubai Marine Beach Resort. ☎ 04-346 1111. Diariam 12h30-15h30, 19h30-3h. Este restaurante agradável oferece um oásis de tranqüilidade árabe à moda antiga em meio à vida noturna às vezes maluca da Dubai Marine Beach Resort. Os pratos incluem todos os básicos do Oriente Médio, com elegância, desde o *shish taouk* perfeitamente preparado até *fatayer* crocantes e cheirosos quibes (*kibbeh*). O ambiente em um terraço sobre a piscina iluminada do hotel com palmeiras é adorável. Pratos a partir de DH$ 45.

Boudoir

Dubai Marine Beach Resort ☎ 04-346 1111. Diariam 19h-3h. Este sensual restaurante-bar parece o apartamento de uma cortesã parisiense do século 19, com elegantes cortinas vermelhas, candelabros exagerados e um número indecente de espelhos. O restaurante (pratos a partir de DH$ 50) é especializado em cozinha euro-

▼ BOUDOIR

▲ MALECON

péia contemporânea, com uma mistura de pratos de frutos-do-mar e carnes, como frango assado na panela com trufas e ervas e vermelho frito na frigideira. A pequena área do bar tende a ser um pouco mais tranqüila e atrai um público ligeiramente mais velho que os outros bares do hotel, mas pode parecer estranhamente vulgar – ou talvez seja apenas a decoração. Um DJ faz o som da 24h às 3h.

Malecon

Dubai Marine Beach Resort Ⓣ 04-346 1111. Diariam 19h-3h. Este restaurante-bar tem bandas latinas ao vivo todas as noites das 21h à 1h, seguidas de um DJ e ajudadas por uma boa carta de bebidas que inclui muitos *mojitos* e coquetéis à base de rum para revelar o *salsero* que há em você. A comida é latina contemporânea, com uma mistura de frutos-do-mar e pratos de carne (para não falar no "charuto cubano sem fumaça": uma musse de chocolate em forma de charuto com um cinzeiro de sorvete). Pratos a partir de DH$ 70.

Sho-Cho

Dubai Marine Beach Resort Ⓣ 04-346 1111. Diariam 19h-3h. Este pequeno restaurante muito chique oferece um cardápio de pratos clássicos japoneses com preços e preparo razoáveis (a partir de DH$ 40), mas é mais conhecido por seu terraço-bar, um dos lugares mais badalados de Dubai. Na maioria das noites há um elenco de fashionistas que vão de turistas recém-bronzeados a astros pop libaneses, circulando em roupas caras de Armani e Chanel. Vista-se para impressionar (ou então compre uma roupa de grife *fake* em Karama), mas você terá de chegar muito cedo para conseguir um lugar. DJs dão o tom moderno ao ambiente.

▼ SHO-CHO

Burj Al Arab e arredores

A cerca de 10 km ao sul do Creek, a extremidade sul da Jumeirah Road percorre o bairro de Umm Suqeim, uma longa e anônima extensão de subúrbios no estilo Dubai, com enormes mansões de milionários escondidas atrás de altos muros e alinhadas em intermináveis ruas desertas. O silêncio só é rompido por uma discreta Land Cruiser ou uma Mercedes que passam deslizando discretamente. Este bairro de aparência nada promissora abriga, no entanto, um trio de famosas atrações de Dubai, que se erguem espetacularmente do subúrbio de casas no deserto: o Jumeirah Beach Hotel, o complexo de hotel e shopping center Madinat Jumeirah e – o mais famoso – o icônico Burj Al Arab, o hotel em forma de vela que provavelmente fez mais que qualquer outra coisa para colocar Dubai no mapa mundial. Há outras atrações no maluco parque aquático Wild Wadi e no Ski Dubai, a primeira pista de esqui do Oriente Médio, enquanto prazeres mais sedentários podem ser encontrados no novo e vasto Mall of the Emirates, vizinho.

Burj Al Arab

Erguendo-se junto à costa, o espetacular Burj Al Arab ("Torre Árabe") fez muito para gravar Dubai na consciência internacional. Embora tenha menos de dez anos, o Burj já se tornou tão emblemático e imediatamente reconhecível como símbolo de Dubai quanto a Torre Eiffel, o Empire State Building e o Big Ben em suas respectivas cidades. Ele é exibido em muitas

▼ O BURJ AL ARAB E O JUMEIRAH BEACH HOTEL

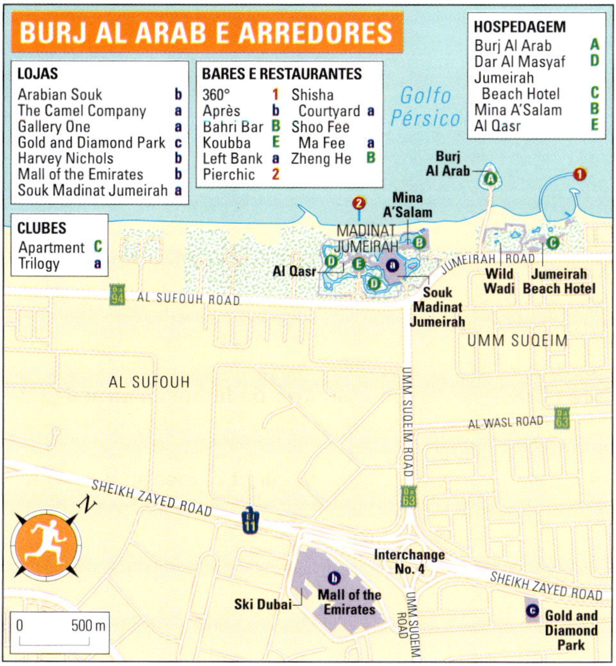

placas de carros na cidade, em incontáveis suvenires turísticos (de camisetas e cartões-postais a pesos de papel e frascos de perfume na forma do Burj) e em todos os guias ou folhetos de literatura promocional sobre a cidade publicados nos últimos anos. Até o heliporto na cobertura adquiriu status de celebridade: Agassi e Federer jogaram tênis nele; Tiger Woods o usou como campo improvisado antes de pedir mais bolas ao serviço de quarto; e Ronan Keating gravou um videoclipe lá.

O Burj abriga o primeiro hotel do mundo chamado de "sete-estrelas", atribuindo-se duas estrelas extras para enfatizar os níveis únicos de estilo e luxo que oferece (apesar de oficialmente essa categoria não existir – tecnicamente é um hotel cinco-estrelas de luxo, mas o fato de poucas pessoas reclamarem das estrelas a mais é um indício da distinção do Burj). Hospedar-se aqui é um prazer muito caro, e até visitá-lo representa alguns desafios financeiros e práticos (veja pág. 116). Felizmente, o exterior do prédio pode ser desfrutado de graça de diversos pontos de observação próximos.

Projetado para imitar a forma de uma vela de *dhow*, o Burj forma uma espécie de contrapartida marítima à "onda quebrando" do vizinho Jumeirah Beach Hotel (pág. 117). Ele constitui um tributo contemporâneo às históricas tradições marítimas de Dubai – sua forma de vela (para não falar em sua aura muito exclusiva) é realçada pela localização em uma ilha aterrada a cerca de 300 m da costa. O edifício foi construído entre 1993 e 1999 por um custo ainda não revelado (mas supostamente surpreendente) pela firma de engenharia e arquitetura do Reino Unido W. S. Atkins, sob a direção do arquiteto Tom Wills-Wright e do arquiteto de interiores Kuan Chew. As estatísticas são impressionantes. Com 321 m, o Burj é o mais alto hotel do mundo (e o 21° edifício mais alto). Só a superestrutura afunilada é mais alta que todo o Jumeirah Beach Hotel, enquanto o saguão (180 m) também é o mais amplo do mundo – capaz de engolir toda a Estátua da Liberdade ou o Dubai World Trade Center, de 38 andares (pág. 94). A mera escala do Burj é avassaladora, e só se pode apreciá-la de verdade ao vivo, pois as fotos do edifício parecem diminuí-lo – o que talvez seja inevitável – ao tamanho de um brinquedo caro. A escala do Burj é temperada por sua extraordinária delicadeza e pela simplicidade sinuosa de seu desenho, só interrompido pelo célebre heliporto em balanço e (no lado do prédio voltado para o mar) pelo restaurante Al Muntaha ("o mais alto"). A fachada que dá para o litoral consiste principalmente em uma enorme folha de tecido de fibra de vidro revestida de teflon branco – uma vela simbólica que é espetacularmente iluminada por dentro à noite, transformando todo o edifício em um farol com brilho mágico. Menos admirada universalmente é a fachada traseira do prédio, em forma de uma enorme cruz, característica que causou considerável polêmica entre os muçulmanos na época da construção, embora só seja visível do mar e (de modo significativo) quase nunca seja fotografada.

Visitando o Burj

Os não-hóspedes só podem entrar no Burj com uma reserva antecipada para um dos bares, cafés ou restaurantes do hotel. Muitos visitantes vêm para um drinque no **Al Muntaha Skyview Bar**, no 27° andar (ligado ao restaurante; veja abaixo) – talvez a melhor maneira de dar uma boa olhada no hotel sem ir à falência, com bebidas a partir de DH$ 60 (mas ele sempre fica lotado, por isso reserve com a maior antecedência possível). Uma alternativa é uma visita para o chá da tarde no lounge **Sahn Eddar** no saguão, que custará cerca de DH$ 250. Se você quiser gastar, pode jantar em um dos dois restaurantes do Burj, que estão entre os mais espetaculares da cidade. O primeiro é o colorido **Al Muntaha Sky View Restaurant**, no 27° andar – "Al Muntaha" significa "o máximo" ou "o mais alto", o que descreve igualmente bem os dois restaurantes, por sua localização espetacular perto do topo do Burj e os preços também espetaculares (pratos vegetarianos a partir de DH$ 195 e pratos de carne e frutos-do-mar por volta de DH$ 300). O menu apresenta uma série de criações finas no estilo mediterrâneo. No outro lado do hotel (e com preços semelhantes), o restaurante de frutos-do-mar **Al Mahara** fica realmente abaixo da superfície marinha, alcançado por uma viagem submarina simulada de três minutos e cercado por enormes aquários, com tubarões e tudo.

A maior parte do interior é na verdade oca, compreendendo um enorme lobby com cores vibrantes em grandes áreas de vermelho, azul, verde e dourado. Parece o filho arquitetônico bastardo de um arranha-céu Art Déco com um cenário de filme de James Bond, com toda essa extravagância envolvida pelos enormes aquários de peixes que ladeiam a escadaria de entrada e que são tão profundos que os faxineiros têm de colocar roupas de mergulho para limpá-los (um espetáculo que se pode assistir diariamente das 14h às 16h). O interior é muitas vezes considerado um exemplo clássico de opulência cafona (aliás, não é tinta dourada nas paredes, mas folha de ouro 22 quilates), mas isso não faz justiça à aura única do Burj. As vastas extensões de cores primárias vibrantes, as camadas em curvas elegantes de andares em balcão erguendo-se muito alto e as maciças colunas douradas em forma de bulbo que os sustentam possuem uma estranha beleza escultural, tanto como obra de arte visual quanto como peça de arquitetura tradicional, fazendo uma seqüência adequada mas original do notável exterior.

Jumeirah Beach Hotel

Na praia ao lado do Burj fica o segundo edifício clássico da região, o enorme Jumeirah Beach Hotel. Projetado para parecer uma onda gigantesca se quebrando (mas também poderia ser a barbatana dorsal de uma criatura marinha erguendo-se à superfície), e com mais de 100 m de altura, o hotel foi considerado o mais espetacular e luxuoso da cidade quando foi inaugurado, em 1997. Apesar de já ter sido superado nos dois quesitos, e hoje atender um público animado e mais comum de pacotes turísticos, continua sendo uma bela visão, especialmente a distância, em combinação com a vela esguia do Burj, contra a qual ele parece (com um pouco de imaginação) prestes a se chocar.

Wild Wadi Waterpark

Logo atrás do Burj Al Arab e do Jumeirah Beach Hotel. Diariam 11h-18h (set-out e mar-mai até 19h; jun-ago até 21h; qui jun-set o parque fecha 1h antes para a noite feminina); ingresso dia inteiro DH$ 150, crianças (menos de 1,10 m) DH$ 125. Ⓣ04-348 444 Ⓦwww.wildwadi.com. Modelado em uma lagoa tropical de fantasia inspirada em Simbad, com cachoeiras, corredeiras, pontes suspensas e grandes montanhas de rochas, o espetacular parque aquático Wild Wadi oferece uma variedade de atrações para agradar a todos, desde crianças até os vi-

▼ JUMEIRAH SCEIRAH, WILD WADI

ciados em adrenalina com bom condicionamento físico. Oriente-se fazendo um circuito pelas bordas do parque no passeio Whitewater Wadi (MasterBlaster), no qual você será atirado em poderosos jatos d'água para cima e para baixo em 11 longos tobogãs retorcidos antes de ser catapultado pelo escuro Tunnel of Doom. Os que buscam emoções fortes devem experimentar os Wipeout e Riptide Flowriders, que simulam o surfe em ondas poderosas, e a atração-estrela do parque, o Jumeirah Sceirah (o mais alto e mais rápido tobogã fora da América do Norte), no qual, durante a descida, você atinge 80 km/h e experimenta a falta de peso temporária. Também há atrações menos radicais, como descidas suaves em tubo no Lazy River, jogos voltados para a família em Juha's Dhow and Lagoon, ou a oportunidade de balançar nas grandes ondas simuladas da Breaker's Bay. Muitas pessoas passam o dia todo aqui, e você pode comprar comida e bebida no interior do parque usando dinheiro armazenado num engenhoso relógio de pulso à prova d'água. Lembre-se de que além do ingresso básico você terá de pagar mais DH$ 20 por um armário para guardar suas coisas, além de exorbitantes DH$ 20 se quiser alugar uma toalha – é melhor levar a sua.

▼ *SOUK* MADINAT JUMEIRAH

Madinat Jumeirah

wwww.madinatjumeirah.com. O enorme e novo complexo de hotel e shopping center Madinat Jumeirah é, de maneira brega, uma visão quase tão surpreendente quanto o Burj Al Arab. Todo o complexo, que contém os hotéis de luxo Mina A'Salam e Al Qasr (pág. 178) e o labiríntico bazar Souk Madinat Jumeirah (muitas vezes chamado, especialmente pelos motoristas de táxi, de "Medina Jumeirah"; veja pág. 121), é construído na forma de uma cidade em estilo árabe, com enormes edifícios cor de areia enfeitados com toques decorativos orientais e encimados por uma quantidade extraordinária de torres de vento (melhor vistas da entrada do hotel

▲ MALL OF THE EMIRATES

Al Qasr), tudo disposto ao redor de um sistema de lagoas pelas quais os hóspedes são conduzidos em réplicas de barcos *abras*.

Há um toque inegável de Disneylândia em todo o complexo, e o lugar, apesar de sua arquitetura árabe "autêntica", tem tanta relação com um antigo assentamento dubaiense quanto as Casas do Parlamento de Londres com uma igreja paroquial medieval inglesa. No entanto, a mera escala do lugar, com sua pitoresca série de torres de vento, bazares com estrutura de madeira e cursos d'água bordejados por palmeiras, é estranhamente atraente e um exemplo perfeito do tipo de coisa que Dubai parece fazer tão bem – misturando extravagância desmedida com uma dose significativa de kitsch surreal e uma saudável desconsideração por qualquer idéia preconcebida de gosto. O Madinat ainda oferece algumas das vistas mais fantásticas de Dubai, com os contornos sinuosos futuristas do Burj Al Arab emoldurados entre as torres de vento de aspecto medieval e arcadas mouriscas. O fato de a cidade medieval falsa ser na verdade mais nova que o ultramoderno Burj é, pelos padrões locais, exatamente o que se poderia esperar.

O lugar óbvio a partir do qual explorar o complexo é o Souk Madinat Jumeirah, mas vale a pena investigar alguns dos maravilhosos restaurantes e bares dos hotéis Al Qasr e Mina A'Salam (págs. 122-4), vários dos quais oferecem vistas superlativas do Madinat, do Burj Al Arab e do litoral, além de permitirem dar uma olhada na decoração extravagante desses dois hotéis.

Mall of the Emirates

Interchange 4, Sheikh Zayed Rd. Diariam 10h-22h (qui-sáb até 24h). ⓦwww.malloftheemirates.com. O maior shopping center de Dubai (pelo menos por enquanto), este enorme e novo complexo, que contém cerca de 500 lojas, já se tornou imensamente concorrido entre moradores e turistas, apesar de se situar mais ou menos no meio do nada – a menos que você considere a Interchange 4 na Sheikh Zayed Road, de várias pistas, um lugar que normalmente seria digno de visitar. Concentrado ao redor de um enorme saguão com teto de vidro, o shopping se espalha por três andares interligados por escadas rolantes e pequenas pontes de ferro, encimado pelo grande e cor-de-rosa Kempinski

Hotel, cinco-estrelas. Há ainda o bônus extra das vistas surreais das encostas cobertas de neve do Ski Dubai através das enormes paredes de vidro no lado oeste do shopping, ou de um dos vários restaurantes e bares que dominam as pistas, como o Après (pág. 122). Para mais informações sobre as lojas, veja a seguir.

Ski Dubai

Interchange 4. Sheikh Zayed Rd. ao lado do Mall of the Emirates. Diariam 10h-23h (qui-sáb até 24h). ⓣ04-409 4000, ⓦ www.skidxb.com. Parque de neve: adulto DH$ 60, crianças DH$ 50; pista de esqui (2h) adultos DH$ 140, crianças DH$ 120; passe para um dia nas pistas de esqui, adultos DH$ 230, crianças DH$ 180. Preços incluem roupas, botas e equipamento, mas não gorros e luvas; estes podem ser comprados na loja anexa. A enorme estação de esqui coberta de Dubai é inquestionavelmente uma das idéias locais mais estranhas. A visão de uma enorme pista de esqui interna coberta de neve (a primeira no Oriente Médio), incluindo precipitação de neve, é muito estranha no calor úmido do Golfo, onde o espetáculo dos emirenses vestidos de túnica esquiando, fazendo snowboard ou apenas brincando de atirar bolas de neve dá um toque surreal ao ambiente já improvável (que pode ser apreciado das áreas de observação do Mall of the Emirates anexo). O complexo encerra o maior parque de neve interno do mundo, com 3 mil m^2 de encostas "alpinas" cobertas de neve, com teleférico e tudo. Os esquiadores e praticantes de snowboard aprovados (você terá de fazer um teste rápido e provar que possui as técnicas básicas para a descida principal) podem usar cinco pistas de altura, inclinação e dificuldade variadas, desde uma para iniciantes até a primeira *black run* interna do mundo, assim como uma "zona *freestyle*" para amadores de esportes de inverno de exibição. Também há uma escola para iniciantes e os que quiserem se aperfeiçoar (adultos e crianças, a partir de DH$ 120 por hora), além de uma pista dupla de trenó, uma galeria de tiro de bola de neve, caverna de neve, trilha da aventura, tobogãs e construção de bonecos de neve.

▼ SKI DUBAI

Lojas

Arabian Souk

Mall of the Emirates. Diariam 10h-22h (qui-sáb até 24h). Uma seção temática dentro do Mall of the Emirates, com toques arquitetônicos árabes falsos e uma boa seleção de lojas de curiosidades, tapetes e artesanato árabes, entre as quais Al Jaber Gallery, Aminian Persian Carpets, Pride of Kashmir e filiais da Camel Company e da Gallery One (veja pág. 121).

The Camel Company

Souk Madinat Jumeirah. Diariam 10h-23h. Esta loja obcecada por dromedários contém a mais bela seleção de Dubai de camelos de pelúcia (a partir de DH$ 20) – muito superiores aos horrores habituais oferecidos em outros lugares da cidade –, mais canecas de camelo, cartões de camelo, camisetas de camelo... na verdade, quase qualquer coisa menos cigarros Camel. Há outra filial no Mall of the Emirates.

Gallery One

Souk Madinat Jumeirah. Diariam 9h30-23h. Ⓦwww.galleryonestore.com. Vende uma boa variedade de fotografias magníficas de Dubai em edição limitada – caras, mas não absurdamente –, além de fotos de arte e uma maravilhosa (mas cara) coleção de cartões-postais. Há outra filial no Mall of the Emirates.

Gold and Diamond Park

Sheikh Zayed Rd entre interchanges 3 e 4. Diariam 10h-22h. Este pequeno e discreto shopping é o lugar ideal se você estiver à procura de diamantes, que aqui geralmente são vendidos por cerca da metade do preço que você pagaria em seu país. As 70 e poucas lojas do shopping são lotadas de jóias incrustadas de diamantes; a maioria é feita de acordo com desenhos europeus, e não árabes, com uma boa gama de peças em estilo clássico italiano. Você também encontrará jóias com algumas outras pedras preciosas e de platina, mais uma pequena quantidade de ouro.

Harvey Nichols

Mall of the Emirates. Diariam 10h-22h (qui-sáb até 24h). A principal loja de um dos principais shoppings de Dubai, esta loja de departamentos tranqüila e minimalista de três andares oferece clássicos da moda como Armani e Thomas Pink, e estilistas mais contemporâneos como Ozwald Boateng e (cuidado) Victoria Beckham. Também há uma grande seção de perfumes de grife no piso térreo, além de belos objetos para casa e a linha exclusiva de comidas e bebidas de alto nível – essenciais para os estrangeiros em suas mansões luxuosas em Jumeirah.

Mall of the Emirates

Interchange 4, Sheikh Zayed Rd. Diariam 10h-22h (qui-sáb até 24h). Ⓦwww.malloftheemirates.com. Este novo mega-shopping com uma vasta seleção de cerca de 500 lojas (como sempre, é bom pegar um mapa na entrada) dá ênfase para os artigos de luxo, como se pode ver pela loja principal, a inglesa Harvey Nichols (ao lado), que ocupa três andares com uma magnífica variedade de roupas de grife em um ambiente de elegância memorável. Também há uma enorme Borders, que promete acrescentar uma nova dimensão à moribunda oferta de livrarias em Dubai, e um grande hipermercado Carrefour (pág. 57). As crianças vão adorar a grande Toy Store, cheia de animais empalhados gigantes e que vende de tudo, desde Thomas the Tank Engines até Tamagotchis, assim como a área de jogos adjacente Magic Planet. Aqui também fica o Arabian Souk (pág. 120), um bazar de artesanato e tapetes.

Souk Madinat Jumeirah

Madinat Jumeirah. Diariam 10h-22h. Ⓦwww.madinatjumeirah.com. No centro de Madinat Jumeirah, esta maravilhosa recriação de um *souk* "tradicional" (embora seja mais inteligente, limpo e pitoresco que qualquer velho bazar da vida real) tem uma combinação intrigante de atrações para comprar, comer e beber, seja nos estreitos corredores com estrutura de madeira, seja nos terraços externos dando para uma lagoa. Como todos os bons bazares, o layout é labiríntico e fácil se perder – você pode pegar um mapa na entrada, mas é mais divertido passear ao acaso, já que o lugar não é tão grande a ponto de você se afastar muito de onde queria estar. As lojas do bazar se dedicam principalmente à arte e ao artesanato tradicional, uma verdadeira caverna de Aladim cheia de uma incrível variedade de lojas de curiosidades e de tapetes, incluindo nomes famosos em Dubai, como Al Jaber, Pride of Kashmir e Persian Carpet House – além de varejistas mais incomuns, como The Camel Company e Gallery One (pág. 121), que vendem de tudo, de *ouds* e chinelos bordados a lâmpadas marroquinas e potes de tagine.

Restaurantes

Além dos restaurantes listados abaixo, há muitas opções comparativamente baratas espalhadas pelo Souk Madinat Jumeirah, incluindo filiais de The Noodle House (pág. 101), Dôme (pág. 59), Left Bank (pág. 125), Trader Vic's (pág. 103) e Japengo (pág. 111), para citar apenas alguns. Os três últimos se situam ao longo do belo terraço do *souk*, à beira d'água, que fica muito animado à noite e é um ótimo lugar para absorver a vida cosmopolita do *souk*, com sua mistura eclética de turistas, emirenses e imigrantes de outros países árabes.

Après

Mall of the Emirates ☎04-341 2575. Diariam 12h-1h. Este bar-restaurante chique é perfeito para o almoço durante um dia de compras no Mall of the Emirates, com vistas maravilhosas das pistas do Ski Dubai através de suas grandes vidraças e uma boa seleção de pratos despretensiosos e bem-feitos, que inclui hambúrgueres, peixe com fritas e excelentes pizzas de massa fina (a partir de DH$ 45). O longo bar espelhado também é um bom lugar para drinques; com a vasta seleção de garrafas iluminadas por trás, os *barmen* preparam coquetéis clássicos e contemporâneos, além de servirem chope e cervejas em garrafa.

Pierchic

Al Qasr ☎ 04-366 8888. Diariam 12h-14h45, 19h-23h30. Um dos restaurantes da cidade com localização espetacular, debruçado no fim de um píer ventilado que se projeta em frente ao grandioso hotel Al Qasr, do qual oferece vistas magníficas, enquanto o próximo Burj Al Arab acrescenta sua magia de arregalar os olhos. O cardápio, principalmente de frutos-do-mar, tem preços adequados à localização, com uma seleção de pratos internacionais de peixes que incluem dourado, lagosta do Atlântico e lagostins do Golfo, mais algumas opções de carnes e pratos vegetarianos. A comida nem sempre se equipara ao ambiente, mas com um cenário tão belo talvez você não se importe. Pratos principais a partir de DH$ 90.

Shoo Fee Ma Fee

Souk Madinat Jumeirah ✆ 04-366 6730. Diariam 19h-12h30 (sex a partir de 16h). Um dos mais animados novos restaurantes do Madinat Jumeirah (o nome quer dizer "O que há de novo?"), esta vibrante casa marroquina apresenta alegres garçons vestidos de *jellaba*, uma boa banda marroquina ao vivo (a partir de 21h) e um ambiente moderno e informal, apoiados por uma série de excelentes pratos autênticos, incluindo aperitivos como *mokh magli* (miolos de cordeiro fritos) e torta de pombo, além dos habituais tagines de cordeiro, frango e legumes e pratos de cuscuz. A partir de DH$ 65.

▲ ZHENG HE

Zheng He

Mina A'Salam ✆ 04-366 6730. Diariam 12h-15h, 19h-23h30. Este restaurante chinês classudo – geralmente reconhecido como o melhor da cidade – oferece uma gama de pratos chineses vegetarianos, de carnes e frutos-do-mar maravilhosamente preparados e com linda apresentação, juntamente com pratos mais inovadores em uma fusão entre Europa e China, com sabores clássicos asiáticos habilmente combinados com ingredientes que vão de *pesto* e *pinoli* até filés. Mas a comida não é barata e o serviço pode ser surpreendentemente fraco

▼ BAR 360°

em vista dos preços. Pode-se sentar no interior do elegante restaurante ou fora, no belo terraço de frente para o Burj. Pratos a partir de DH$ 90.

Bares e shisha

360°

Jumeirah Beach Hotel. Diariam 17h até tarde (qui e sex a partir de 16h).

O bar mais badalado de Dubai, em localização espetacular no final de um longo quebra-mar com arcos que penetram no Golfo em frente ao Jumeirah Beach Hotel e ao Burj Al Arab, oferece vistas sublimes dos dois, especialmente quando a iluminação se acende depois do anoitecer. Sofás brancos e pufes espalhados pelo terraço circular ao ar livre, que quase toda noite se enche de uma turma mista de turistas bronzeados e árabes que descansam em atitudes descontraídas diante de coquetéis, Coronas e *shishas,* enquanto os DJs residentes e visitantes bombam música hipnótica noite adentro.

Bahri Bar

Mina A'Salam. Diariam 12h-2h.

Este pequeno e maravilhoso terraço ao ar livre em estilo árabe é merecidamente concorrido, com sofás com dosséis casualmente espalhados, artefatos mouriscos e tapetes persas, e oferece vistas esplêndidas do Burj e do Madinat Jumeirah. Também há atraentes lugares para se sentar no interior ao redor do bar, belamente inserido em uma espécie de tenda de beduíno – bom para os meses quentes de verão. É especialmente bonito ao pôr-do-sol, mas se você emperrar na longa carta de coquetéis, martínis-vodca e vinhos (mais o chope

▼ BAHRI BAR

KOUBBA

relativamente barato) poderá achar que o tempo passa mais depressa do que previa. Se a fome atacar, há uma boa seleção de lanches internacionais, que vão de sushi a "tapas do sul da Índia".

Koubba

Al Qasr. Diariam 12h-2h. Um dos mais memoráveis de muitos lugares para beber espalhados pelo complexo Madinat Jumeirah, este maravilhoso bar temático árabe oferece vistas de cair o queixo do Al Qasr e do Burj Al Arab de seu espaçoso terraço, e pode ser incrivelmente difícil ir embora quando você se instala em um de seus confortáveis sofás com pilhas de almofadas coloridas. Há uma boa lista de coquetéis clássicos e contemporâneos, uma pequena carta de vinhos e canecas de chope a preços razoáveis (considerando o ambiente) – uma bênção para os amantes de cerveja.

Left Bank

Souk Madinat Jumeirah. Diariam 12h-2h. Disputando espaço entre a seqüência de casas para comer e beber incrivelmente concorridas ao longo da beira-mar no Souk Madinat Jumeirah, este moderno mas despretensioso bar é um bom lugar para ver o movimento, se você conseguir uma mesa no terraço externo (mas a parte interna também é muito agradável). Há uma lista de chopes com preços razoáveis e uma carta de vinhos razoável, mais aguardentes e coquetéis, além de uma boa seleção de comidinhas de bar, simples mas saborosas.

Shisha Courtyard

Souk Madinat Jumeirah. Diariam 11h-24h30. O pitoresco pátio central do Madinat Jumeirah oferece um lugar cativante para relaxar com um *shisha* (apesar de caro, DH$ 30-45) ou uma cerveja, vinho ou coquetel da carta modesta e assistir à animada vida noturna do *souk* – de turistas queimados de sol a emirenses com túnicas e suas *abbeya* (esposas cobertas).

Música ao vivo

Jambase

Souk Madinat Jumeirah. Diariam 19h-2h45. O principal lugar de Dubai dedicado à música ao vivo, este moderno local subterrâneo abriga uma animada banda brasileira residente que abala a pista quase todas as noites, além de artistas convidados; a pista geralmente pega fogo à meia-noite, enquanto mais cedo é um bom lugar para beber e comer alguma coisa. Há um bar bom, mas relativamente caro, e um cardápio surpreendentemente longo e refinado de carnes, frutos-do-mar e outros pratos a partir de DH$ 90.

Clubes

Apartment

Jumeirah Beach Hotel. Ter-sáb 20h-3h. Escondido atrás do Jumeirah Beach Hotel, este pequeno lugar estiloso e intimista é um dos pontos para dançar mais sofisticados de Dubai – o lugar certo para mostrar seu novo bronzeado e sua bolsa Chloe. O clube é dividido em duas partes: a área maior do clube (com a pista de dança) e o *lounge*, mais tranqüilo, cada qual com música diferente. O DJ residente e artistas internacionais convidados tocam uma mistura de R&B, house e trance, exceto na noite das mulheres (qua), quando a música dos anos 80 domina a pista. Às vezes é cobrado ingresso (cerca de DH$ 70), dependendo de quem estiver comandando a mesa de som.

Trilogy

Souk Madinat Jumeirah. Diariam exceto dom, 21h-3h (bar na cobertura a partir de 19h). ⓦwww.trilogy.ae. O clube com visual mais atraente de Dubai, o Trilogy serve uma poderosa combinação de música *cool* em um ambiente ainda mais moderno, com um cardápio de DJs internacionais de renome, que tocam uma inebriante mistura de R&B e house para uma das turmas mais glamourosas da cidade. O clube ocupa três andares (mas nem todos são abertos todas as noites). Os dois inferiores ficam junto de um pátio cavernoso em estilo árabe com pista de dança – parece um pouco com dançar no Marrocos medieval –, enquanto o andar superior é ocupado por um lindo bar no terraço da cobertura, com vistas maravilhosas de Madinat; vale uma visita para drinques antes do jantar. O preço do ingresso varia conforme a atração da noite: algumas vezes é grátis, outras você terá de desembolsar até DH$ 100.

Teatro

Madinat Theatre

Souk Madinat Jumeirah ⓣ04-366 8888 ⓦwww.madinattheatre.com. A recente inauguração do moderno e bem equipado Madinat Theatre, no Souk Madinat Jumeirah, o único local especialmente construído para apresentações na cidade, foi uma necessária injeção na vida cultural insossa de Dubai. Não que o teatro tenha apresentado muitas peças de vanguarda; ele oferece uma série de peças conhecidas, espetáculos leves de dança e de entretenimento (como comédias românticas de Neil Simon ou *100% Kylie*). Mas pelo menos é um começo.

Dubai Marina

Em nenhum lugar a escala do crescimento explosivo de Dubai é tão visível quanto no extremo sul da cidade. Apenas cinco anos atrás esta área do emirado ao sul do Burj Al Arab era praticamente deserta, intocada a não ser por uma discreta série de hotéis de luxo ao longo da costa. Hoje, virtualmente brotando do nada, uma nova cidade está sendo construída, estendendo-se por quase 10 km ao sul de Madinat Jumeirah até a zona industrial e o porto em Jebel Ali. No coração dessa nova explosão urbana estão o empreendimento Dubai Marina – ao redor dos hotéis existentes à beira-mar, que hoje foram engolfados pelos novos arranha-céus – e as áreas adjacentes exclusivamente comerciais de Dubai Media City e Dubai Internet City, enquanto no mar a nova e enorme ilha artificial Palm Jumeirah será inaugurada em breve. Futuros desenvolvimentos incluem o novo Aeroporto Jebel Ali, que um dia deverá ser o maior do mundo, e novos empreendimentos mais ao sul, ao redor do chamado Dubai Waterfront (beira-mar), que deverá estender a cidade até a fronteira com Abu Dhabi.

Realmente não há precedente em qualquer lugar do mundo para um crescimento urbano nesta escala ou nesta velocidade e, quando estiverem concluídos os enormes bairros residenciais e comerciais e instalações turísticas de Dubai Marina e áreas adjacentes, sem dúvida eles mudarão o enfoque de todo o emirado para o sul, chegando talvez a eclipsar o antigo centro da cidade. Por enquanto, porém, Dubai Marina ainda é uma obra em andamento. Mas, mesmo em um lugar onde os projetos mais extravagantes se tornam lugar-comum, a visão dessa cidade que surge é surpreendente, com os esqueletos de literalmente centenas de arranha-céus de 30 ou 40 andares em várias fases de construção estendendo-se até onde a vista consegue alcançar.

▼ ARRANHA-CÉUS E OUTDOOR, DUBAI MARINA

Palm, Jumeirah, The World e outras ilhas

Uma das características mais marcantes do recente desenvolvimento de Dubai é sua obsessão por ilhas artificiais. Os motivos disso são óbvios: em estado natural, o diminuto emirado de Dubai oferece apenas 70 km de litoral, totalmente insuficientes para atender às necessidades do número incalculável de turistas e residentes sedentos por praias (hoje a cidade tem somente cerca de 15 hotéis realmente de praia, que estão mais ou menos lotados o ano inteiro). A solução foi iniciar a construção de quatro enormes ilhas artificiais diante da costa – as maiores do mundo –, criando de uma só vez mais 520 km de litoral, assim como uma enorme extensão de terrenos comerciais valiosos, cercados pelas calmas águas azuis do golfo Pérsico. As ilhas estão sendo construídas pelo governo, mas são vendidas para empresas privadas que poderão explorá-las como acharem melhor, o que significa que os detalhes exatos sobre o que haverá em cada uma delas ainda não estão finalizados.

O mais antigo desses quatro empreendimentos é **The Palm**, **Jumeirah**, uma enorme ilha em forma de palmeira ligada ao continente por uma pista elevada pouco ao norte de Dubai Marina, que abriu para negócios no início de 2007, quando os primeiros apartamentos residenciais foram entregues (os moradores incluem vários membros da seleção inglesa de futebol, entre eles David Beckham, e diversas outras celebridades). As "folhas" da palmeira servirão para áreas residenciais, enquanto o "tronco" e as praias mais distantes abrigarão instalações públicas de lazer (que deverão ser inauguradas gradualmente de 2007 a 2010), incluindo cerca de 30 novos hotéis e uma miríade de luxuosos apartamentos de férias, restaurantes e lojas.

▼ MAQUETE DA URBANIZAÇÃO DE DUBAI MARINA

Praia em Dubai Marina

Aguardando a conclusão do novo sonho urbano de Dubai, as atrações de Dubai Marina limitam-se de modo geral à série de luxuosos hotéis de praia que são uma característica consolidada da atração turística da cidade. Hospedado em um desses santuários cinco-estrelas voltados para o mar, é fácil não perceber a movimentação que ocorre a poucos metros para o interior. Se você quer férias de sol, mar e areia e não se importa em passar a maior parte do tempo confinado em um dos espetaculares hotéis junto à praia, a área da marina é tão interessante como sempre foi. Se você se aventurar a sair, a visão de um capítulo único da história em construção é realmente fascinante – e também significa que você poderá voltar daqui a alguns

Nos calcanhares do The Palm Jumeirah vem o ainda mais extravagante **The World**, que deverá ser inaugurado em etapas a partir de 2008. A alguns quilômetros da costa (acesso só de barco, ao contrário dos três empreendimentos Palm, que serão ligados diretamente à terra), este vasto complexo de ilhas artificiais foi projetado com a típica teatralidade dubaiense, construído na forma de um mapa-múndi (não se percebe ao nível do chão, mas é muito impressionante visto do ar). Muitos países do mundo estão representados no mapa por ilhas próprias (o Estado de Israel está notadamente ausente), enquanto países maiores foram subdivididos em diversas ilhas. Espera-se que imobiliárias comprem ilhas individuais e criem desenvolvimentos turísticos temáticos, talvez basedos na ilha que ocupam (os detalhes também ainda não foram confirmados, mas Richard Branson, o dono da Virgin, já anunciou sua intenção de comprar a ilha Grã-Bretanha).

Os projetos de aterros de Dubai não terminam aqui. Duas novas ilhas em forma de palmeira já estão na linha de produção. São **The Palm**, **Jebel Ali** (esta com um arquipélago circundante em forma de versos árabes do próprio xeque Mohammed), que deverá ficar pronta aproximadamente em 2009; e a gigantesca **The Palm**, **Deira**, facilmente a maior das três palmeiras, bem ao lado do centro da cidade, com inauguração planejada para 2010, que será (segundo dizem) maior que Paris. Mais uma vez, espera-se que esses desenvolvimentos incluam uma mistura de instalações residenciais e turística, quando forem lançados no mercado. E finalmente, e talvez o maior de todos, há o maciço projeto **Dubai Waterfront**, que incluirá um enorme arco semicircular de terra ao redor da The Palm, Jebel Ali e acrescentará a última flor ao litoral em constante crescimento de Dubai.

anos e lembrar como tudo era diferente nos bons e velhos tempos.

A praia em si compreende uma boa faixa de areia dourada (para saber como chegar a ela se você não estiver hospedado em um dos hotéis da área, veja quadro na pág. 130), mas as praias dos hotéis mais baratos podem ficar muito cheias. Empresas de esportes aquáticos funcionam diante de todos os hotéis de praia, oferecendo atividades variadas como windsurfe, vela, caiaque, esqui, *wakeboarding* e *parasail*, enquanto pseudobeduínos vagam pela praia com camelos enfeitados, oferecendo passeios.

Marina Walk

Em meio aos intermináveis guindastes e arranha-céus inacabados do novo bairro de Dubai Marina, o atraente

▼ PRAIA EM DUBAI MARINA

As praias da Marina

Todos os hotéis de praia na marina, exceto o Royal Meridien, permitem que não-hóspedes usem suas praias, piscinas e outras instalações, pagando uma taxa. Algumas estão abertas todos os dias, outras só abrem para forasteiros quando os níveis de ocupação caem abaixo de certo nível (é melhor telefonar antes para verificar a situação, se você pretender ir).

Habtoor Grand Diariam; DH$ 325, incluindo vale-refeição de DH$ 100 (crianças DH$ 225, incluindo vale-refeição de DH$ 50).

Hilton Jumeirah Beach Diariam exceto sex; DH$ 110.

Le Meridien Mina Seyahi Permite não-hóspedes conforme o nível de ocupação do hotel; em torno de DH$ 150.

Oasis Beach Sáb-qui, DH$ 140; sex e feriados, DH$ 200. O preço inclui almoço (churrasco).

One&Only Royal Mirage Aceita não-hóspedes dependendo do nível de ocupação; DH$ 175.

Ritz-Carlton Aceita não-hóspedes dependendo do nível de ocupação; dom-qua, cerca de DH$ 200; qui-sáb, cerca de DH$ 300.

Sheraton Jumeirah Beach Dom-qua, DH$ 100; qui-sáb, DH$ 125.

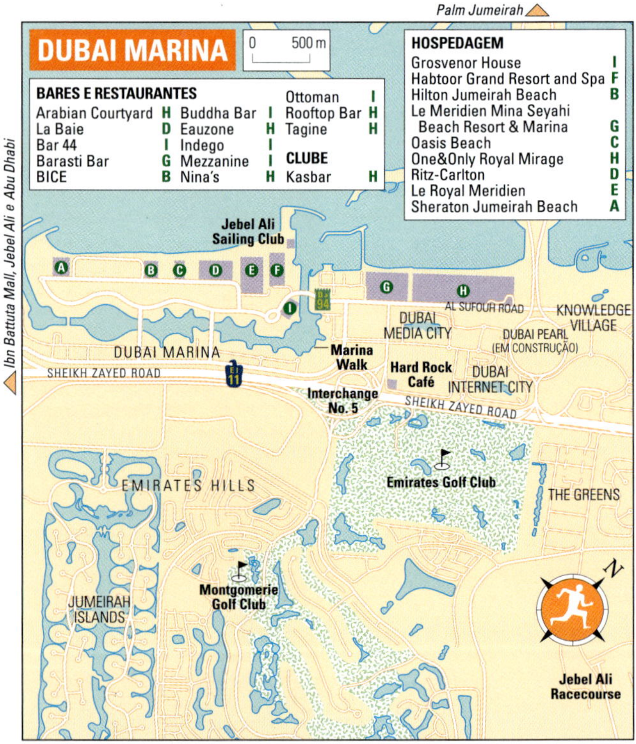

Marina Walk – a única parte do projeto que estava concluída no momento desta edição – dá uma idéia intrigante da aparência que terá essa parte da cidade quando estiver pronta. Escondida nos fundos do hotel Grosvenor House, o calçadão rodeia o início do amplo canal que um dia formará o núcleo da marina propriamente dita, com uma série de cafés e restaurantes discretos espalhados pela beira-mar e dezenas de iates de luxo e lanchas elegantes ancorados ao lado. Ele é muito procurado por moradores e árabes de outros países, e é melhor à noite, quando os cafés se iluminam, o ar se enche de nuvens fragrantes de *shisha* e as torres ao redor se acendem em uma modesta neblina de néon – uma mistura interessante (e sem tráfego) da Dubai tradicional com a futurista. O Walk é surpreendentemente difícil de encontrar: caminhe ou pegue um táxi para o norte, partindo do Grosvenor House, até o fim do quarteirão, virando para o interior na primeira rua principal. A entrada do bairro (fácil de perder) fica à sua direita depois de algumas centenas de metros.

▲ CONSTRUÇÕES EM DUBAI MARINA

Dubai Internet e Dubai Media

Na extremidade norte da Dubai Marina ficam duas áreas comerciais conhecidas como

Dormindo com os peixes

Com inauguração prevista para 2008 ou 2009, **Hydropolis** é, até pelos padrões de Dubai, um conceito muito intrigante: o primeiro **hotel submarino de luxo** do mundo (mas não o primeiro hotel submarino do mundo, que é o Jules' Undersea Lodge em Key Largo, na Flórida – mas, ao contrário de Hydropolis, ele não tem um túnel de acesso do nível do solo, por isso você precisa colocar roupa de mergulho para chegar lá). Ao custo estimado de US$ 500 milhões e usando tecnologias empregadas em submarinos e poços de petróleo offshore, Hydropolis se localizará a cerca de 300 m da costa, em frente à Dubai Marina. O hotel terá uma área de recepção em terra, em forma de onda, e um túnel de ligação de 500 m, pelo qual correrá um trem até a seção principal submarina do hotel. Este terá 220 suítes em forma de bolha a 20 m abaixo da superfície do mar, fechadas com plexiglass transparente. Se a idéia de dormir abaixo das ondas o deixa nervoso, o hotel tem uma série de medidas de segurança para protegê-lo contra tufões, ataques de mísseis e de terroristas – e vai até fabricar suas próprias nuvens para proteger os hóspedes de insolação.

▲ DUBAI MARINA E MARINA WALK

Dubai Internet City e Dubai Media City. Esses dois bairros são típicos da maneira como o governo de Dubai encorajou firmas estrangeiras a montar escritórios em áreas específicas da cidade sob condições preferenciais, evidenciando a grande burocracia que tradicionalmente impediu investimentos estrangeiros em outros países do Golfo (e também em outras partes de Dubai). Não há nada para ver realmente aqui, mas percorrendo a estrada costeira você notará um grande número de placas anunciando os escritórios de companhias internacionais pesos pesados como Microsoft, CNN e Reuters, ao lado de várias outras empresas locais e internacionais. Mas o principal marco da área é na verdade o bizarro Hard Rock Café – uma espécie de arranha-céu de Gotham City em miniatura com uma enorme guitarra na frente –, que fica ao lado da Sheikh Zayed Road no lado interno do bairro. De vez em quando são realizados aqui concertos de grandes nomes do rock, no Media City Amphitheatre.

Ibn Battuta Mall

Entre interchanges 5 e 6, Sheikh Zayed Rd. Diariam 10h-22h (qua-sex até 24h). ⓦwww.ibnbattutamall.com. Situado bem distante na Sheikh Zayed Road, ao sul da área principal da marina, o extraordinário Ibn Battuta Mall, com mais de 1,5 km de comprimento, vale a viagem aos subúrbios da cidade para saborear a que é sem dúvida a mais louca experiência de consumo de Dubai (o que não é fácil). O shopping tem seis seções temáticas étnicas – Marrocos, Andaluzia, Tunísia, Pérsia, Índia e China – de lugares visitados pelo famoso viajante árabe Ibn Battuta, com todo o kitsch e o capricho arquitetônicos que se poderiam esperar. Os destaques incluem um elefante em tamanho natural com tromba mecânica, uma aldeia tunisiana à meia-luz e um junco chinês em tamanho natural, enquanto o luxo da decoração seria mais apropriado a um palácio Rajput ou uma grande mesquita persa do que a um shopping de estrada. Como costuma acontecer em Dubai, o conceito subjacente pode ser ingênuo, mas é realizado com tal extravagância, e em tal escala, que é difícil não ficar pelo menos impressionado – ou constrangido. Além disso, o passeio de uma ponta à outra do extenso mall é o mais agradável que se pode fazer a pé no subúrbio de Dubai, especialmente no auge do verão. Para mais informações sobre as lojas, veja a seguir.

Lojas

Ibn Battuta Mall

Entre interchanges 5 e 6, Sheikh Zayed Rd. Diariam 10h-22h (qua-sex até 24h). ⓦwww.ibnbattutamall.com. A decoração deste novo shopping center, inspirada em Ibn Battuta (veja ao lado), é tão surpreendente que é fácil nem perceber as lojas, mas os mais de 300 estabelecimentos cobrem todos os setores habituais do varejo, com muitas lojas de roupas, jóias e perfumes (as candidatas a estrelas de cinema de Bollywood devem checar a

▼ LOJA LEGO NO IBN BATTUTA MALL

maravilhosa, mas cara, moda indiana na Mumbai Sé). As crianças vão gostar da filial da Toy Store (pág. 121), e da atraente loja da Lego, com muitos jogos abertos para brincar, mais potes "escolha-e-misture" à venda. Também há uma das melhores filiais da cidade da rede de livrarias Magrudy's e uma boa seleção de lugares para comer e beber, como filiais de Hatam (pág. 74), Lime Tree Café (pág. 112) e Japengo (pág. 111).

Restaurantes

La Baie

Ritz Carlton ☎04-399 4000. Seg-sáb 19h-23h. Este restaurante formal, em estilo francês velha-guarda, pareceria muito estranho em outras partes de Dubai, mas funciona bem no ambiente aristocrático do Ritz Carlton. O menu fino apresenta uma pequena variedade da chamada cozinha "progressista" européia, oferecendo pratos como filé de bacalhau com compota de lingüiça ao vinho tinto e *confit* de funcho, ou cordeiro à vitoriana defumado em eucalipto (mas não há opções vegetarianas). Comida ótima, mas os pratos custam a partir de DH$ 145, quase o dobro do Verre de Gordon Ramsay.

▼ BUDDHA BAR

BICE

Hilton Jumeirah Beach ☎04-399 1111. Diariam 12h-15h, 19h-23h30. Restaurante italiano moderno e tranqüilo, geralmente considerado o melhor no sul da cidade (mas fechado para reforma no momento desta edição). A comida inclui saborosas pizzas e massas, cheias de ingredientes e sabores frescos (experimente *penne* com frango, camarões, juliana de pimentões e molho cremoso de curry), mais uma mistura de carnes e frutos-do-mar como pratos principais. A partir de DH$ 60.

Buddha Bar

Grosvenor House ☎04-317 6000. Diariam 19h30-2h (qui até 3h). Nos moldes da famosa casa parisiense, este maravilhoso bar-restaurante é uma visão: um espaço enorme e sepulcral com uma dezena de candelabros com luzes vermelhas e dominado por um enorme Buda dourado, com a trilha sonora clássica do Buddha Bar ao fundo. O cardápio traz uma boa variedade de pratos japoneses e pan-asiáticos, com sushi e sashimi ao lado de carnes, frutos-do-mar e pratos vegetarianos de inspiração tailandesa e chinesa (a partir de DH$ 90). Mesmo que você não coma aqui, vale a pena entrar para um drinque, saboreando o clima do bar e um de seus coquetéis longos de menta.

Eauzone

Arabian Courtyard, One&Only Royal Mirage ☎04-399 9999. Diariam 12h-15h30, 19h-23h30. Possivelmente o mais romântico restaurante de Dubai, com mesas em forma de tenda árabe salpicadas sobre miniaturas de ilhas em meio às águas lindamente iluminadas de uma das várias piscinas do hotel – que parecem se transformar à noite em uma lagoa luminosa cercada de palmeiras. O menu oferece uma série de pratos internacionais conservadores de carnes e peixes mas bem preparados (mais algumas opções vegetarianas), com pratos principais como frango "caipira" assado no sal ou patas de caranguejo-rei em molho picante. O único problema é conseguir uma reserva. Se você não tiver sorte, pode se consolar com um drinque no belo bar anexo – mas cuidado para não cair na água ao sair. Pratos a partir de DH$ 85.

Indego

Grosvenor House ☎04-317 6000. Diariam exceto sáb 19h30-24h (qui até 1h). Um restaurante indiano superelegante sob a direção do chefe Vineet Bhatia, estrelado no guia Michelin. A comida inclui uma série de pratos tradicionais e contemporâneos da cozinha do subcontinente, que vão de novidades como aspargos e bolinhos de queijo de cabra a preparados mais comuns como *malai kofta*, *biriyani* de cordeiro e frango *tikka*, tudo maravilhosamente elaborado e apresentado. Pratos a partir de DH$ 80.

Mezzanine

Grosvenor House ☎04-317 6000. Diariam exceto sex 19h-24h (qui até 1h). Inaugurado em 2006 sob a administração de Gary Robinson (ex-chefe do príncipe Charles), o Mezzanine se estabeleceu rapidamente como o mais próximo desafio do Verre de Gordon Ramsay entre as boas mesas de Dubai – e bem mais interessante de se ver, com um interior totalmente branco de design peculiar, salpicado de poltronas coloridas. Robinson já saiu e seu lugar foi ocupado (no início de 2007) pelo *chef*-celebridade britânico Gary Rhodes, cujas mudanças sazonais de menus com culinária européia progressiva prometem manter as credenciais do restaurante (assim como dar a Dubai outro *chef* com as iniciais G.R.). Pratos a partir de DH$ 100.

Nina's

Arabian Courtyard, One&Only Royal Mirage ☎04-399 9999. Seg-sáb 19h-23h15. O mais criativo restaurante indiano de Dubai, este lugar dá uma visão maravilhosamente contemporânea dos sabores e pratos clássicos do subcontinente – e de fato às vezes parece deixá-los totalmente para trás. O menu vai

▼ ONE&ONLY ROYAL MIRAGE

dos curries e tandooris tradicionais a preparados excêntricos como bolinhos fritos de carneiro e aipo ou pernas de rã com rambotã, pimenta-do-reino e manjericão, tudo preparado com delicadeza e discretamente picante, de modo que a experiência em geral é mais uma refeição européia fina do que uma festa indiana. A suntuosa decoração laranja, com candelabros descombinados, lanternas chinesas vermelhas e arcos quase marroquinos, aumenta o curioso toque de magia híbrida. Pratos a partir de DH$ 55.

Ottoman

Grosvenor House ☎04-317 6000. Seg-sáb 20h-1h. Elegante restaurante turco que oferece uma viagem culinária intrigante, usando receitas antigas das cozinhas dos palácios otomanos sintonizadas com os gostos contemporâneos. Escolha entre uma variedade de entradas quentes e frias como folhas de parreira recheadas e camarões com crosta de pistache, antes de seguir por uma lista incomum de pratos que vão de repolho recheado com legumes e kebab de peixe-espada a perdiz desossada assada e *bouillabaisse* turca. Pratos a partir de DH$ 75.

Tagine

The Palace, One&Only Royal Mirage ☎04-399 9999. Ter-dom 19h-23h15. Este pequeno e suntuoso restaurante marroquino é uma festa para os olhos e para o paladar. A decoração mourisca é complementada por uma rica cozinha que vai de entradas como sopa picante de *harira*, miolos de cordeiro e torta de pombo, passa por uma deliciosa seleção de tagines, adocicados com ingredientes como mel, amêndoas, limão, azeitonas vermelhas, uvas-passas e abricós, mais algumas opções de kebabs e frutos-do-mar. Há boa música ao vivo e um serviço amistoso dos garçons vestindo belas *jellabas*. Pratos a partir de DH$ 75.

Bares e shisha

Arabian Courtyard

Arabian Courtyard, One&Only Royal Mirage. Diariam 19h-24h30. Um belo pátio em estilo marroquino com palmeiras iluminadas e assentos em bonitas tendas oferecem o ambiente mágico para um dos locais de *shisha* mais românticos de Dubai. Escolha entre 16 variedades de *hubbly-bubbly* (cerca de DH$ 35), mais lanches e pratos simples do Oriente Médio e uma pequena seção de cervejas e coquetéis. O Palace Courtyard, na ala The Palace do mesmo hotel, é muito semelhante.

▼ ARABIAN COURTYARD

▲ ROOFTOP BAR

Bar 44

44º andar, Grosvenor House. Diariam a partir de 18h. No topo do enorme hotel Grosvenor House, este bar elegante e contemporâneo oferece vistas únicas de todo o novo bairro da Marina, com arranha-céus brilhantes estendendo-se em todas as direções – uma vista memorável da cidade moderna, só superada pela que se tem de um helicóptero. A lista de bebidas é tão requintada quanto a decoração, com uma grande seleção de champanhes caras ao lado de coquetéis e outras criações de estilo.

Barasti Bar

Le Meridien Mina Sehayi. Um dos pontos mais interessantes da Marina para um drinque ou *shisha* durante os meses mais frescos de inverno, instalado em um terraço ao redor da piscina iluminada do hotel, com vista para o mar.

Rooftop

Arabian Courtyard, One&Only Royal Mirage. Diariam 17h-1h. O bar mais romântico no sul da cidade, esta casa de temática árabe em uma cobertura oferece uma das mais completas fantasias orientais de Dubai, com pavilhões em estilo marroquino cheios de almofadas, mesas com bandejas de prata e outros artefatos étnicos variados. Iluminação ligeiramente psicodélica e um DJ suave ao vivo reforçam o ambiente de *1001 Noites*. O bar interno no piso inferior também é simpático, mas o estilo árabe é um pouco atenuado pelas TVs espalhadas pelo lugar para agradar aos fãs de futebol.

Clubes

Kasbar

The Palace, One&Only Royal Mirage. Diariam exceto dom 21h-3h; DH$ 50, grátis para hóspedes do hotel. Este clube de aparência muito superior compartilha o estilo marroquino opulento do resto do complexo Royal Mirage, ocupando três grandes pisos. O DJ residente apresenta um cardápio misto de house, techno, R&B, hip-hop e *fusion* árabe. Às vezes animado, mas em outras há mais gente e um ambiente melhor no Rooftop Bar do hotel (veja ao lado).

Sharjah

A apenas 10 km de Dubai, seguindo o litoral, o emirado de Sharjah parece a princípio apenas um prolongamento de seu vizinho mais famoso, com cujos subúrbios ao norte parece se fundir em uma feia extensão de concreto. As duas cidades podem ter se combinado fisicamente, mas culturalmente continuam muito separadas. Sharjah tem um sabor claramente diferente de Dubai, e todo o emirado manteve com muito mais firmeza sua cultura tradicional árabe e islâmica, sem nada do brilho liberal e dos locais turísticos hedonistas de Dubai – e também tem muito menos turistas.

Os valores árabes tradicionais em Sharjah estão no centro dos modestos atrativos da cidade. Autodenominada "capital cultural" dos EAU, Sharjah compensa seu regime puritano (veja pág. 142) com uma magnífica série de museus dedicados a vários aspectos da cultura islâmica e da vida local dos emirados, a maioria deles abrigados na chamada Área do Legado, no centro da cidade. Estes incluem o importante Museu Islâmico, a excelente Sharjah Art Gallery e o pequeno e original Forte Al Hisn, juntamente com exposições mais modestas, mas também interessantes, no

Transporte para e em Sharjah

Miniônibus regulares (DH$ 5) ligam as estações de ônibus Gold Souk, de Deira, e Al Ghubaiba, de Bur Dubai, ao terminal de ônibus principal em Sharjah, na Al Burj Avenue, logo ao sul do Forte Al Hisn, com partidas aproximadamente a cada 15-20 minutos desde o início da manhã até o fim da noite. Outra opção é um **táxi** do centro de Dubai a Sharjah, que custará em torno de DH$ 40-50. Se você não estiver hospedado no centro de Dubai, pode pegar um táxi diretamente para Sharjah, pois não vai economizar muito dinheiro (ou tempo) pegando um táxi até os terminais de ônibus e depois um miniônibus.

A estrada principal entre Dubai e Sharjah é famosa pelos grandes **congestionamentos**. Como os aluguéis são bem menores em Sharjah, muitas pessoas moram lá e trabalham em Dubai, resultando em trânsito sobrecarregado das 7h às 10h e das 17h às 20h no sentido oposto. Como turista, você estará viajando no sentido contrário ao da maior parte do tráfego, mas as estradas ainda podem ficar horrivelmente congestionadas e vale a pena evitar os horários de pico, se possível, talvez indo para Sharjah no meio da tarde e voltando à noite.

Uma alternativa conveniente a viajar por conta própria é pegar uma excursão para Sharjah. Elas são oferecidas pela maioria das empresas listadas na pág. 187 e custam em torno de DH$ 130-150, às vezes incluindo uma visita rápida ao emirado vizinho de Ajman.

Há muitos **táxis em Sharjah** para fazer trajetos curtos na cidade. Estes têm (ou deveriam ter) taxímetros, e são um pouco mais baratos que os de Dubai, com uma tarifa básica de DH$ 2,50.

Sobre os museus de Sharjah

O ingresso para os vários museus de Sharjah e para o Forte Al Hisn custam DH$ 5 por museu; uma alternativa (bem mais econômica) é comprar um ingresso combinado, que inclui todos esses lugares por DH$ 15. Tecnicamente você deveria poder comprar esse ingresso em qualquer dos museus ou no forte, mas é mais fácil no Museu Islâmico, pois os outros geralmente não têm funcionários que falem inglês. Os horários de funcionamento dos museus parece ser aleatório. Na teoria, todos deveriam abrir de sábado a quinta-feira das 8h às 20h (sextas só das 17h às 20h); na prática, porém, no momento desta edição todos, menos o Al Hisn e o Museu Islâmico, estavam fechados das 13h às 17h. Esta longa e inconveniente pausa à tarde significa que você tem de chegar cedo ou ficar até mais tarde se quiser percorrer todos os museus, e mesmo assim terá de correr.

Bait Al Naboodah, no Museu da Caligrafia e no Museu do Legado Sharjah. Outras atrações incluem o extenso Blue Souk, um dos maiores dos EAU, e o Souk Al Arsah, um dos mais bonitos.

Forte Al Hisn

Al Burj Ave. Diariam 8h-20h (sex só 17h-20h); DH$ 5. No coração de Sharjah, na Al Burj Avenue, o pequeno e modesto Forte Al Hisn é um dos símbolos tradicionais da velha Sharjah, antiga residência da família reinante Al Qassimi, e nos velhos tempos foi o ponto de encontro para todos os acontecimentos importantes da cidade – mas hoje o forte baixo está tristemente cercado por fileiras de prédios de apartamentos terrivelmente feios. O fato de o forte ainda existir deve-se inteiramente ao atual governante de Sharjah, o xeque Sultan bin Mohammad Al Qassimi. Em 1969, o jovem xeque (então príncipe herdeiro) estudava no Cairo quando ouviu falar que o forte estava sendo demolido. Ele embarcou no primeiro avião disponível e voltou a Sharjah para deter a destruição, mas descobriu que chegou tarde demais para evitar a demolição da maior parte, menos uma torre.

Sem hesitar, ele ordenou a reconstrução imediata do forte, que supervisionou pessoalmente usando antigas fotos e plantas e resgatando a maior quantidade possível de materiais do antigo prédio, inclusive suas belas portas de madeira.

Hoje o forte abriga um interessante museu dedicado à história do emirado. Há algumas vitrines nas salas ao redor da entrada – incluindo antigos filmes do edifício e da cidade –, mas a maioria das exposições está nas salas ao redor do grande pátio central. Elas

▼ FORTE AL HISN

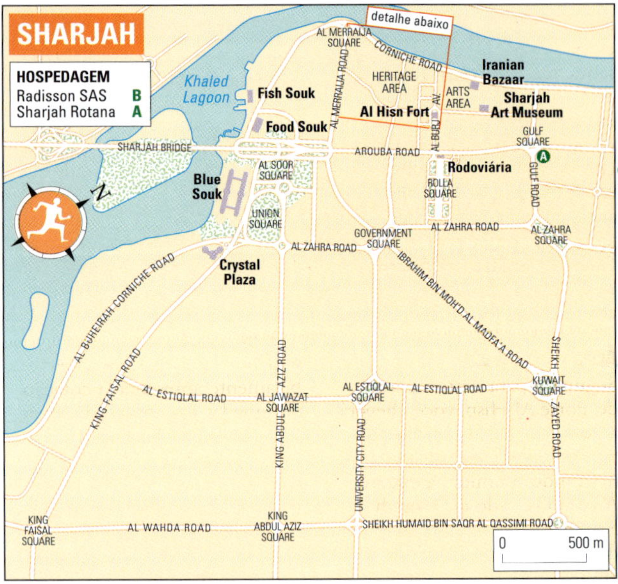
SHARJAH
HOSPEDAGEM
Radisson SAS B
Sharjah Rotana A
detalhe abaixo
Khaled Lagoon
Fish Souk
Food Souk
Blue Souk
Crystal Plaza
Al Hisn Fort
Heritage Area
Arts Area
Iranian Bazaar
Sharjah Art Museum
Rodoviária
Sharjah Bridge
Arouba Road
Corniche Road
Al Merraija Square
Al Merraija Road
Al Burj Av.
Gulf Square
Gulf Road
Al Soor Square
Union Square
Bolla Square
Al Zahra Road
Al Zahra Square
Government Square
Ibrahim Bin Moh'd Al Madfa'a Road
Al Buheirah Corniche Road
King Faisal Road
Al Estiqlal Road
Al Jawazat Square
Al Estiqlal Square
King Abdul Aziz Road
University City Road
Kuwait Square
Sheikh Zayed Road
King Faisal Square
Al Wahda Road
King Abdul Aziz Square
Sheikh Humaid Bin Saqr Al Qassimi Road
0 500 m

ÁREA DE LEGADO
Forte Al Hisn
Al Burj Avenue
Khaled Lagoon
Sharjah Maritime Museum
The Eslah School (Educational Museum)
Museu da Caligrafia
Portão 1
Majlis Ibrahim Mohammed Al Madfa
Souq Al Arsah
Bait Al Naboodah
Museu Islâmico
Portão 2
Heritage Square
Corniche Road
Museum of Sharjah Heritage
Portão 3
Al Merraija Square
Al Merraija Road
0 100 m

contêm antigas moedas, rifles e espadas, além de uma fascinante seqüência de antigas fotos de Sharjah na década de 1930, entre as quais retratos da família Al Qassimi, mais algumas fotos com um clima maravilhoso de caravanas de camelos, *dhows* e o antigo mercado de peixes – uma lembrança de que até a Segunda Guerra Mundial era Sharjah, e não Dubai, o principal ator comercial nesta parte do Golfo.

Área do Legado

Seguindo para oeste a partir do Forte Al Hisn, você chegará a uma longa parte da antiga muralha da cidade reconstruída, marcando o limite da extensa Área do Legado de Sharjah. Aqui você encontrará os diversos museus da cidade (além do Museu de Arte), mas mesmo que não entre em nenhum deles o bairro vale uma visita por sua arquitetura antiquada interessante, com dezenas de prédios tradicionais minuciosamente restaurados ao redor das grandes praças só para pedestres. Embora não seja tão grande, o bairro pode ser surpreendentemente desorientador. Há um mapa em grande escala muito útil no folheto que você deverá receber quando comprar ingresso para os museus. Toda a área é mais bonita perto do anoitecer e à noite; durante o dia, a falta de sombra e de vento podem torná-la opressivamente quente.

Museu Islâmico

Área do Legado. Diariam 8h-20h (sex só 17h-20h); DH$ 5. Com certeza o melhor museu dos vários da Área do Legado, o Museu Islâmico oferece um maravilhoso acervo de artefatos de todo o mundo islâmico, belamente exibidos e apoiados por excelentes painéis explicativos. O tema islâmico é mais evidente na seção de abertura do museu, dedicada a uma fascinante (embora um pouco confusa) explicação dos complexos rituais realizados pelos peregrinos a Meca, juntamente com uma enorme cortina com trabalho intricado em linhas de prata e ouro sobre tecido preto que antigamente envolvia a própria Casbá.

Depois vem (em sentido anti-horário) uma enorme e belamente apresentada coleção de moedas das antigas dinastias islâmicas Umayyad (rotuladas "Ommid") e Abbasid ao longo da era otomana – muito mais interessante do que parece, e uma prova impressionante dos amplos contatos comerciais que este posto avançado um pouco afastado tinha com as terras centrais do califado islâmico. Depois desta,

▼ MUSEU ISLÂMICO

▲ BAIT AL NABOODAH

outras salas são dedicadas a belíssimos artigos trabalhados em metal, vidro e antigos móveis de madeira, além de intricados astrolábios, armas, armaduras e alguns magníficos manuscritos, incluindo antigos exemplares do Corão e cópias de cartas escritas pelo próprio profeta Maomé. Procure também o primeiro mapa do mundo conhecido na época (a Eurásia) criado pelo cartógrafo marroquino Al Shereef Al Idrisi em 1099 – um documento surpreendentemente preciso para a data, mas um pouco confuso no início porque está orientado de cabeça para baixo, com o sul em cima.

Bait Al Naboodah

Área do Legado. Diariam 8h-13h, 17h-20h (sex só 17h-20h); DH$ 5.

Situado em uma antiga casa tradicional em frente ao Souk Al Arsah, o Bait Al Naboodah (também conhecido como Museu do Patrimônio Sharjah, mas não confundir com o Museu do Legado Sharjah; pág. 144) oferece uma interessante recriação da vida em uma casa familiar tradicional em Sharjah em tempos passados. A principal atração é o próprio edifício de dois andares, ladeando um espaçoso pátio central, com suas paredes de tijolos de corais expostos e varandas de madeira sustentadas por bizarras colunas de madeira em

As leis islâmicas de Sharjah

Sharjah não é apreciada pelos residentes europeus devido a sua posição rigidamente islâmica sobre questões de vestuário, bebidas alcoólicas e relacionamentos entre os sexos. O álcool é proibido (o que o torna o único emirado "seco" nos EAU); o uso de roupas justas ou reveladoras em público pode lhe causar problemas com os moradores ou a polícia local; e os casais que "não têm um relacionamento legalmente aceitável" (segundo as chamadas "leis da decência" do emirado, promulgadas em 2001) não devem sequer ficar sozinhos em público. Na prática, casais ocidentais não-casados que se comportem de maneira respeitável provavelmente não serão incomodados, mas houve relatos de trabalhadores especializados asiáticos relativamente sem influência que foram denunciados por supostas indiscrições pela patrulha moral da cidade e detidos pela polícia – em 2005 um casal indiano não-casado foi condenado a um ano de prisão pelo "crime" de se beijar no banco de trás de um táxi.

estilo jônico. Somente as salas no piso térreo estão abertas, cada qual mobiliada em estilo tradicional do Golfo, com uma série de quartos apresentando as habituais camas de madeira antiquadas com montes de almofadas, as paredes decoradas com rifles e antigos rádios, junto com algumas cozinhas rústicas, uma pequena *majlis* (com algumas fotos da família Al Naboodah, que viveu aqui) e uma tradicional sala de jogos com brinquedos locais engraçados.

Souk Al Arsah

Área do Legado. As lojas abrem diariam 9h-21h ou mais tarde.

Imediatamente ao norte do Bait Al Naboodah, o Souk Al Arsah (ou Souq Al Arsa, segundo a placa) é de longe o mais bonito bazar de Sharjah, se não de todos os EAU. O *souk* se concentra ao redor de um pátio com colunas, ladeado por lojas de tapetes e a pequena e curiosa Al Arsaha Coffee Shop (pág. 145), atrás da qual se irradia um emaranhado de becos surpreendentemente desorientadores, apesar da escala reduzida. Os prédios em pedra de coral são abastecidos de todo tipo de artesanato colorido local, de tapetes persas e prata de Omã a tecidos indianos e camelos de pelúcia. Escondido nos fundos (no lado norte) do Souk Al Arsah, a Majlis Ibrahim Mohammed Al Madfa – ou Majlis Ibrahim Al Midfaa, segundo o folheto turístico – é um dos mais bonitos edifícios da Área do Legado. Você não pode entrar, mas vale a pena dar uma olhada no prédio, encimado por uma estranha torre de vento redonda, que seria a única nos EAU.

Museu da Caligrafia

Área do Legado. Diariam 8h-13h, 17h-20h (sex só 17h-20h); DH$ 5.

O atraente mas muito enigmático Museu da Caligrafia (oficialmente chamado Museu da Arte da Caligrafia e Ornamentações Árabes) contém um enorme acervo de obras de arte caligráficas árabes, incluindo belos exemplos de desenho caligráfico tradicional e contemporâneo, desde linhas de escrita *kufic* até rosetas em padrões florais extravagantes e interpretações modernas em acrílico sobre tela, tudo executado à perfeição e muito bem exposto. Infelizmente, a falta absoluta de qualquer tipo de indicação, guias ou catálogo faz com que o significado, a função e a origem das peças expostas sejam

▼ MUSEU DA CALIGRAFIA

▲ MUSEU DE ARTE DE SHARJAH

um mistério, pelo menos para os que não falam árabe.

Museu do Legado Sharjah

Área do Legado. Diariam 8h-13h, 17h-20h (sex só 17h-20h); DH$ 5.

O Museu do Legado Sharjah (não confundir com o Bait Al Naboodah, pág. 142) oferece uma visão abrangente da cultura e do comércio da Sharjah tradicional, com vitrines variadas apoiadas por interessantes painéis explicativos (embora as traduções em inglês sejam curiosamente irregulares). O museu contém uma seqüência de salas, cada qual enfocando um tema diferente e interessante, e, apesar de ser tudo um pouco didático e escolar comparado a outros museus da cidade, os estudantes sérios da história do Golfo o acharão muito instigante. As exposições incluem uma vitrine de moedas e notas bancárias usadas antes do estabelecimento de uma moeda unificada dos EAU em 1973 (principalmente rupias indianas emitidas sob o domínio britânico); uma grande série de selos coloniais coloridos e incomuns (Sharjah só emitiu seus próprios selos a partir de 1963 e só teve correios em 1965); uma sala mostrando os utensílios empregados em uma sala de aula tradicional do Golfo; uma sala de artes folclóricas com instrumentos musicais que incluem tambores, flautas e estranhos instrumentos de sopro; e salas dedicadas à medicina popular (com vitrines de ervas e descrições de seus usos), perfumes, cosméticos, roupas e tecidos.

Museu de Arte de Sharjah

Área do Legado. Diariam 8h-13h, 17h-20h (sex só 17h-20h); DH$ 5.

O excelente Museu de Arte de Sharjah é um dos destaques da cidade – embora pareça totalmente incongruente no contexto deste emirado provinciano e de tendência islâmica (especialmente diante das tradicionais restrições islâmicas à pintura de seres humanos e animais). A primeira parte do museu (andar superior) é dedicada à surpreendente coleção de pinturas de artistas europeus do século 19 que mostram a vida nas terras islâmicas. A peça principal desta seção é uma maravilhosa coleção de litografias do artista escocês David Roberts (1796-1864), cujo célebre *Desenhos na Terra Santa e na Síria,* baseados em uma viagem que Roberts fez pelo Oriente Médio em 1838-39, ainda é uma das maiores expressões pictóricas do orientalismo, com nativos em trajes pitorescos e turbantes reclinados em poses cuidadosamente encenadas em meio a mesquitas, fortes e ruínas árabes ainda mais pitorescos, tudo executado com uma mistura de técnica perfeita e fantasia romântica.

Ao fundo do andar térreo, o Museu de Arte Árabe Contemporânea de Sharjah abriga um extenso acervo de obras de artistas de todo o mundo árabe desde 1975, em uma ampla gama de técnicas e estilos – uma coleção impressionante pelo tamanho, mesmo que a maioria das obras expostas seja mais competente que memorável. Também há peças contemporâneas variadas sem etiqueta (incluindo instalações sonoras) no lado oposto do andar superior, enquanto as exposições temporárias se realizam embaixo.

O museu fica escondido nas ruas atrás do Forte Al Hisn. Do forte, siga ao norte pela beira-mar, depois vire à direita e continue por cerca de 250 m, passe por um pequeno mercado iraniano e pelo Restaurante Fen até chegar a uma placa apontando para o interior, para a Área de Artes; siga por 50 m nessa direção para chegar à galeria, um grande prédio encimado por torres de vento.

Blue Souk

Um quilômetro a oeste do centro da cidade ao longo da Corniche, o enorme Blue Souk ("Bazar Azul", oficialmente conhecido como Mercado Central) é a atração mais visitada e fotografada de Sharjah, ocupando um enorme e chamativo par de prédios que – apesar da miríade de torres de vento, azulejos azuis e outros toques decorativos árabes – mais parecem uma grande estação ferroviária. O *souk* é conhecido por suas numerosas lojas de tapetes, que armazenam uma enorme quantidade de tapetes persas e outros a preços geralmente bem menores que em Dubai. Se você não estiver procurando tapetes, há muitas lojas de artigos eletrônicos, roupas, jóias e artesanato (o Souk Al Arsah tem uma seleção melhor de suvenires árabes), mas a qualidade e a variedade de produtos oferecidos ficam bem abaixo dos que se encontram em Dubai.

▼ BLUE SOUK

▲ KORAN ROUNDABOUT, SHARJAH

Restaurantes e cafés

Al Arsaha Coffee Shop

Souq Al Arsah. Diariam 9h-21h. No coração do bonito Souk Al Arsah, este pequeno café oferece uma vitrine fascinante da vida local, com paredes forradas de *rattan*, antigas portas e janelas de madeira e mesas coloridas cobertas por grandes logotipos do chá Lipton. É um bom lugar para tomar um copo de chá de hortelã ou uma xícara de café, e também há uma pequena variedade de *birianis* e pratos de carne na hora do almoço e à noite.

Crystal Plaza

Corniche Road, imediatamente ao sul do Blue Souk. O shopping center mais bonito de Sharjah, instalado em atraentes torres de vidro em formato de pirâmide, o Crystal Plaza oferece uma variedade de opções de restaurantes discretos, incluindo uma pizzaria no andar térreo, sorveteria e cafeteria, assim como uma praça de alimentação quase moribunda no andar superior, ao redor do Danial Restaurant, que oferece uma mistura de pratos do Oriente Médio e de bufê. Nada muito excitante, comparado aos grandes shoppings de Dubai, mas, como não há nenhum lugar para comer ou beber no próprio Blue Souk (exceto alguns modestos quiosques de café), ele oferece uma escala conveniente.

Radisson SAS

Corniche Rd. ☎06-565 7777 ⓦwww.sharjah.radissonsas.com. A dez minutos de táxi a leste do centro da cidade, o Radisson tem a melhor seleção de lugares para comer em Sharjah, incluindo o China Garden, o Shahzadeb (persa e marroquino) e o Café at the Falls (internacional), localizados no surpreendente saguão do hotel, com tema de floresta tropical.

Sharjah Rotana

Al Arouba St. ☎06-563 7777, ⓦwww.rotana.com. Em um local convenientemente central, a cerca de 500 m a leste do centro, este hotel comum tem vários lugares passáveis (mesmo que não sejam inspiradores) onde comer, incluindo o restaurante Al Dar, com bufê internacional e opção à la carte, mais um café no *lobby* e o Aquarius Snack Bar.

Al Ain

Para uma completa mudança de ritmo e cenário, uma excursão de um dia à cidade de Al Ain, no deserto, a cerca de 130 km para o interior partindo de Dubai, na fronteira com Omã, oferece o antídoto perfeito ao ritmo agitado da vida no litoral. O único grande assentamento no interior dos EAU, Al Ain – e a cidade gêmea de Buraimi, no lado de Omã – cresceram ao redor do extenso oásis que ainda é uma das características mais interessantes da cidade moderna. Ele serviu como uma importante escala nas rotas de comércio entre Omã e o Golfo, fato comprovado pelos diversos fortes que pontilham a cidade e seu território e pelos ricos vestígios arqueológicos encontrados nas proximidades, evidências de que houve assentamentos contínuos aqui há pelo menos 4 mil anos.

Al Ain faz parte, na verdade, do emirado de Abu Dhabi e é celebrada como a terra natal do amado governante dos EAU, xeque Zayed Bin Sultan Al Nahyari (morto em 2004). A cidade moderna é extensa, confusa e em geral desprovida de personalidade, mas depois de algum tempo em Dubai você poderá apreciar o ambiente bastante sonolento de Al Ain – que pode parecer falida ou muito provinciana, dependendo do seu estado de espírito – e as ruas verdejantes, margeadas por palmeiras, evidência da conhecida obsessão do xeque Zayed por "esverdear" o deserto. A posição ligeiramente elevada da cidade também faz dela um concorrido refúgio

Transporte para e em Al Ain

Miniônibus (DH$ 20) fazem de hora em hora o trajeto entre as estações rodoviárias de Al Ain e de Al Ghubaiba, em Bur Dubai; a viagem leva cerca de 1h30, a menos que você fique preso nos congestionamentos em Dubai de manhã e no fim da tarde; nesse caso, levará mais de 2h.

Al Ain é bastante extensa, por isso você provavelmente terá de usar **táxis** para circular (há muitos nas ruas, e os motoristas dos carros desocupados costumam buzinar para os turistas). Os táxis em Al Ain são pintados de dourado e branco, com estranhas placas em estilo islâmico de pontas verdes na capota; eles têm taxímetro (ou deveriam ter), com uma tarifa inicial de DH$ 2,50. Os táxis em Omã são laranja e brancos e não têm taxímetro, por isso você deve combinar o preço antes da partida, o que pode ser difícil, pois poucos motoristas falam inglês. Eles não gostam muito de levá-lo ao outro lado da fronteira, e se você for para Buraimi provavelmente terá de pegar um táxi até a fronteira e outro depois de cruzá-la, ou simplesmente caminhar (o que leva cerca de 30 minutos).

Uma alternativa conveniente é pegar uma **excursão** para Al Ain. Elas são oferecidas por quase todas as operadoras listadas na pág. 187 e custam em torno de DH$ 200-250.

Orientando-se em Al Ain

Al Ain pode ser um lugar muito confuso, especialmente quando você acaba de chegar e ainda não se localizou. Depois de desembarcar na estação rodoviária, vire-se de frente para a longa linha de barracas que abrigam o mercado de legumes (pág. 151) e siga para a direita, andando cerca de 100 m até ver uma grande rotatória enfeitada com uma escultura em forma de bule. Antes de chegar à rotatória, vire à direita, atravesse uma área de estacionamento empoeirada e passe pela entrada do Oásis Al Ain (pág. 151). Logo depois dela estão o Museu de Al Ain e o Mercado de Gado (pág. 150).

de verão para os emirenses ricos, por suas temperaturas um pouco mais baixas (mas na verdade você não notará muita diferença). Há muitas atrações discretas aqui para encher o dia. O Museu de Al Ain é um dos melhores da região, enquanto o próximo Oásis Al Ain, os mercados de gado e camelos e o Al Ain Souk merecem uma olhada. Você pode cruzar a fronteira com Omã para visitar a cidade de Buraimi, onde fica o belo forte Al Khandaq, enquanto o cenário de deserto praticamente intocado que cerca a cidade abriga várias

outras atrações, como o Parque Arqueológico Hili e o monte pedregoso do *jebel* Hafeet.

Museu de Al Ain

Al Muraba Roundabout, ter-qui, sáb-dom 8h30-19h30, sex 15h-19h30, seg fechado; DH$ 3. ⓦwww.aam.gov.ae. O Museu de Al Ain é um dos mais recompensadores dos EAU e um ponto de partida lógico para qualquer visita da cidade. O museu tem duas partes. Na primeira, extensas exposições cobrem vários aspectos da vida local, com uma série de mostras variadas que incluem curiosidades como os implementos usados em circuncisões e omoplatas de vacas utilizadas por escolares como pranchas para escrever, além de uma seleção mais previsível de antigos exemplares do Corão, belas jóias antigas de prata (incluindo um interessante colar feito de moedas de prata da imperatriz Maria

▼ MUSEU DE AL AIN

Teresa da Áustria, que já foi a moeda corrente nesta parte do Golfo), frascos de perfume, equipamentos agrícolas e de cozinha, armas (como belos *khanjars* antigos) e algumas fotos maravilhosas do emirado de Abu Dhabi nos anos 1960. Também há uma mistura de presentes dados ao xeque Zayed ao longo dos anos por luminares como o presidente egípcio Gamal Nasser (um par de grandes bandejas incrustadas) e pela famosa combatente da liberdade palestina Lyla Mulled (uma bala).

A segunda parte apresenta uma visão abrangente da arqueologia dos EAU, incluindo vários artefatos dos principais sítios arqueológicos, como Umm an Nar, perto de Abu Dhabi, e Jebel Hafeet e Hili (pág. 153), perto de Al Ain. A maioria das peças expostas é bastante insossa – potes, selos, fragmentos de pontas de flechas e fragmentos de pedra ocre –, mas elas são bem exibidas e explicadas, oferecendo uma imagem interessante dos laços culturais e comerciais que remontam à era suméria.

▼ MERCADO DE GADO

Forte Sultan Bin Zayed

Bem ao lado do museu (mesmo horário e ingresso), o Forte Sultan Bin Zayed (ou Forte do Leste) é um dos cerca de 18 fortes espalhados pelo deserto ao redor de Al Ain. A pitoresca construção com três torres é mais conhecida como o lugar onde nasceu o xeque Zayed Bin Sultan Al Nahyan (que governou de 1966 a 2004), o amado governante de Abu Dhabi e primeiro presidente dos Emirados Árabes Unidos, que supervisionou a transformação do emirado de um território pobre e atrasado na atual cidade-Estado rica em petróleo. O forte abriga uma maravilhosa coleção de fotos em preto-e-branco dos anos 1960 e 70 da região do Golfo, enquanto o pequeno e pitoresco pátio possui em seu centro três árvores e algumas *barasti,* cabanas tradicionais com teto de palha – um início humilde para o xeque que mais tarde se tornou um dos homens mais ricos do mundo.

Mercado de gado

Imediatamente atrás do museu fica o rústico mercado de gado da cidade, um lugar interessante, com animais expostos nas traseiras de uma longa fila de caminhonetes. Ele é mais animado de manhã cedo, até cerca

▲ OÁSIS AL AIN

de 9h, quando os moradores vêm barganhar qualquer coisa, de galinhas a vacas. Em outros momentos é bastante sonolento, mas vale a pena dar uma olhada.

Oásis Al Ain

Diariam 24hs. Grátis. Do outro lado do Museu Al Ain, na volta para a cidade, um grande arco marcado com os dizeres "Welcome to the Al Ain Oasis (no entry except for owners and tourists)" ["Bem-vindos ao Oásis Al Ain (entrada permitida somente a proprietários e turistas)"] leva ao belo Oásis Al Ain. Este é sem dúvida o lugar mais idílico da cidade, com um emaranhado de pequenas alamedas muradas que cortam densos grupos de tamareiras, com suas raízes alimentadas pelos *falaj*, canais de irrigação tradicionais (que só são cheios de água nos meses mais quentes do verão). Um lugar maravilhoso, cujo silêncio só é rompido pelos chamados à oração das duas mesquitas abrigadas entre as palmeiras, e também agradavelmente fresco.

Al Ain Souk

Imediatamente em frente à estação rodoviária, o Al Ain Souk abriga o principal mercado de frutas, legumes e carnes da cidade. Instalado em

▼ *SOUK* AL AIN

um longo armazém, o bazar é estocado com as habituais e pitorescas pilhas de produtos agrícolas (com carcaças de animais penduradas na seção de carnes), mais bonitas na ponta oeste do *souk,* onde comerciantes indianos ficam entronizados no meio de montes de frutas e legumes. O *souk* atrai um colorido elenco de personagens, incluindo homens com belas barbas e grandes turbantes brancos e mulheres veladas e beduínas – um espetáculo árabe muito mais autêntico comparado com o mercado de carnes e legumes de Dubai.

Buraimi

A fronteira com Omã fica a cerca de 1 km ao norte do centro de Al Ain, e além dela está a cidade contígua de Buraimi. Você pode cruzar a fronteira livremente – não é exigido visto se for somente até Buraimi –, mas as pedantes autoridades de fronteira dos EAU poderão lhe pedir para explicar seus deslocamentos; apenas diga que você vai visitar o Forte Al Khandaq, seja o mais educado possível e lembre-se de levar consigo o passaporte (embora sem ele você não deva ser impedido de entrar em Omã). O lado omani da fronteira não é muito diferente dos EAU – menos verde e um pouco mais decrépito, talvez, mas a interminável urbanização em concreto é praticamente idêntica à de Al Ain. A diferença mais notável entre os dois países é a visão dos omanis realizando trabalhos como motoristas de táxi e garçons de restaurante que normalmente são feitos por imigrantes indianos e paquistaneses em Dubai. Mas se você esperava que Omã fosse um reluzente esplendor árabe ficará desapontado.

Certamente a atração mais impressionante em Buraimi é o perfeitamente restaurado Forte Al Khandaq, a cerca de 1 km da fronteira. Datado de pelo menos 1788, talvez antes, é uma estrutura relativamente grande e complexa comparada com os fortes do lado dos EAU, com um

▼ FORTE AL KHANDAQ, BURAIMI

▲ PLACA NA FRONTEIRA, AL AIN

largo fosso (seco), uma série dupla de bastiães e torretas com ameias belamente esculpidas. Parece que o forte é às vezes aberto aos visitantes, mas não está claro quando isso acontece.

Algumas centenas de metros depois do forte, o chamado Buraimi Souk ocupa alguns prédios construídos para parecer vagamente os fortes omanis. O mais próximo de Al Khandaq é ocupado exclusivamente por negociantes indianos que vendem frutas e legumes, e há uma série discreta de lojas de artesanato perto da entrada, mas o lugar em geral é bastante letárgico. Logo atrás dele, um segundo prédio atrai uma freqüência mais misturada: mulheres de véu vendem especiarias e homens negociam rifles no pátio central, enquanto comerciantes indianos oferecem utensílios domésticos nas pequenas lojas nos corredores dos dois lados.

Camel Souk

No limite de Al Ain, o Camel Souk (*souk* dos camelos, na verdade apenas uma série de currais no deserto) é um dos lugares mais tipicamente árabes, com dezenas de dromedários expostos para venda e uma multidão animada de compradores discutindo o preço de seus preferidos. Infelizmente, a maior parte da ação acontece de manhã cedo (antes das 9h), o que significa que se você vier a passeio de Dubai provavelmente não chegará a tempo de sentir o verdadeiro sabor do lugar. Mas um comércio mais tranqüilo continua até por volta de 12h.

Forte Jahili

Perto do hotel Al Ain Rotana, no lado oeste da cidade, o Forte Jahili, construído em 1898, é um dos mais belos edifícios tradicionais na área de Al Ain, com uma torre principal e ameias impressionantes. Não se pode entrar nele, mas sim explorar os verdejantes jardins que o circundam (diariam 9h-22h; DH$ 1).

Hili Gardens e Archeological Park

Diariam 9h-22h; DH$ 1. Um pouco mais distantes, os Hili Gardens and Archeological Park, a cerca de 8 km ao norte da cidade, são o local de uma das mais importantes descobertas arqueológicas nos EAU (muitos objetos encontrados aqui estão expostos no Museu de Al Ain, que também oferece uma boa explicação do seu significado). O principal edifício sobrevivente é a chamada Grande Tumba de Hili (mas pode ter sido na verdade uma espécie de templo), datada do século 3º a.C., uma pequena estrutura circular decorada com um estranho entalhe primitivo de pessoas e animais. A Grande Tumba do Jardim, adjacente, revelou mais de 200 esqueletos quando foi escavada.

Jebel Hafeet

Se você tiver um veículo próprio (ou estiver disposto a pagar a tarifa de táxi), o cume do Jebel Hafeet (ou Hafit), a 1.180 m de altitude e a 30 km ao sul de Al Ain, na fronteira com Omã, oferece vistas inigualáveis das montanhas Hajar ao redor e é um local de refúgio concorrido entre os emirenses que querem escapar do calor do deserto.

Restaurantes e cafés

Comer em Al Ain limita-se a escolher entre os cafés despretensiosos no centro da cidade e os restaurantes dos três hotéis cinco-estrelas. Muitos restaurantes são dirigidos por paquistaneses e atendem essa numerosa comunidade local, servindo pratos básicos e pães do norte da Índia por preços módicos.

Há lugares um pouco mais caros ao redor do Globe Roundabout, ao norte do centro urbano. Entre eles estão o Al Mallah, uma casa simples de *shwarma* que serve amplas porções de saborosa comida libanesa, e os cafés Mandarin e The Hut, lugares acolhedores para uma bebida (não-alcoólica) e um lanche ou refeição leve. Abrem diariamente para almoço e jantar.

Para algo mais elegante, você terá de ir a um dos hotéis cinco-estrelas. O Al Ain Rotana, cerca de 1 km a oeste do centro, possui vários restaurantes, incluindo o italiano Luce, provavelmente o mais refinado da cidade. Os pratos custam em torno de DH$ 40-50 em qualquer um deles, e todos servem bebidas alcoólicas.

Abu Dhabi

Capital dos Emirados Árabes Unidos, Abu Dhabi é o modelo de uma moderna petrocidade do Golfo, totalmente contemporânea e desavergonhadamente rica. A mudança-relâmpago de uma obscura aldeia de pescadores para uma moderna cidade-Estado nos últimos 30 anos talvez seja a mais drástica de todas as histórias de transformação promovidas pelo petróleo na região. Os arranha-céus envidraçados e as rodovias de várias pistas podem parecer sem graça à primeira vista, mas os habitantes compreensivelmente se orgulham da recente e notável metamorfose da cidade.

Para o visitante casual, a Abu Dhabi moderna é interessante principalmente pelos contrastes que apresenta com sua vizinha mais famosa – uma Washington árabe, comparada à Las Vegas de Dubai. Muitos visitantes desfrutam o modo de vida mais tradicional e descontraído e, mesmo que você passe apenas um dia aqui, provavelmente notará um sabor cultural muito diferente em Abu Dhabi. As atrações específicas são relativamente poucas, e a maior parte do prazer da visita está em passear pelo centro da cidade e ao longo da bela Corniche à beira-mar, e sentir uma cidade que é de muitas maneiras bem mais representativa dos EAU

▲ ESCULTURAS NA RUA, AIRPORT ROAD

Transporte para e em Abu Dhabi

Miniônibus regulares (e lotados) e **ônibus expressos** mais confortáveis ligam a estação rodoviária de Abu Dhabi, a cerca de 3 km da Fundação Cultural, ao interior, à estação de Al Ghubaiba, em Bur Dubai, desde o início da manhã até tarde da noite. A viagem custa DH$ 30 nos dois sistemas e deve levar apenas 1h30, mas pode chegar facilmente a 2h ou mais se o tráfego estiver ruim.

As várias atrações de Abu Dhabi são muito espalhadas. Há muitos **táxis** pela cidade; todos deveriam ter taxímetro (bandeirada de DH$ 2,50), mas às vezes os motoristas relutam em ligá-los, e nesse caso é melhor pegar outro carro.

Uma alternativa conveniente é pegar uma **excursão** de Dubai. Muitas empresas listadas na pág. 187 oferecem viagens de um dia a Abu Dhabi, geralmente por DH$ 200-250.

ABU DHABI
BARES E RESTAURANTES
Art Cauldron Café 4
Beach Rotana Hotel 3
Delma Café 2
Hilton Abu Dhabi 1
0 500 m
Golfo Pérsico
Lulu Island
AL MEENA
TOURIST CLUB AREA
AL MARKAZIYAH
AL HOSN
MADINAT ZAYED
AL MANHAL
AL DHAFRA
AL ZAAB
AL KHALIDIYAH
AL KHUBEIRAH
AL BATEEN
Corniche Hospital
Sheraton Abu Dhabi
Le Meridien
Abu Dhabi Mall
Beach Rotana Hotel
Hamdan Centre
Liwa Centre
Etisalat Building
Madinat Zayed Centre
Gold Souk
Grande Mesquita
Hilton Bainunah Tower
Qasr Al Hosn
Fundação Cultural
Al Markaziyah Garden
Khalidiyah Garden
Al Ittihad Square
Marina Mall
Abu Dhabi Marine Sports Club
UAE Heritage Village
Emirates Palace Hotel
Hilton Abu Dhabi
Inter-Continental
MEENA ST (3RD ST)
CORNICHE ROAD EAST
CORNICHE RD (1ST ST)
KHALIFA BIN ZAYED ST (3RD ST)
HAMDAN BIN MOHAMED ST (5TH ST)
SHEIKH ZAYED FIRST ST (7TH ST)
10TH ST
AS SALAM ST (8TH ST)
LULU ST (4TH ST)
AL SHARQI ST (4TH ST)
AL FALAH ST (9TH ST)
SHEIKH RASHID ST (2ND ST)
CORNICHE ROAD (1ST ST)
AL NASR ST (5TH ST)
KING KHALID BIN ABDEL AZIZ SAEED ST (26TH ST)
AL NAHYAN ST (26TH ST)
AL MENHAL ST (9TH ST)
KHALIFA BIN SHAKHBOUT ST (28TH ST)
AL KHALEEJ AL ARABI RD (30TH ST)
CORNICHE ROAD WEST (1ST ST)
SHEIKH ZAYED FIRST ST (7TH ST)
KHALIDIYAH ST (32ND ST)
SULTAN BIN ZAYED ST (32ND ST)
AL KUBEIRAH ST (5TH ST)
BAINUNAH ST (34TH ST)
Saadiyat Island
Rodoviária (500 m)
President's Palace

do que Dubai. A Fundação Cultural da cidade e o adjacente Forte Al Hisn valem uma olhada rápida, assim como a Aldeia do Legado dos EAU, com vistas maravilhosas do extenso litoral de Abu Dhabi. Talvez a atração mais memorável da cidade seja o vasto e novo Emirates Palace Hotel, que pretende dar a Abu Dhabi um ícone arquitetônico para rivalizar com o Burj Al Arab de Dubai – mas o contraste entre a fantasia futurista do Burj e o novo marco de Abu Dhabi, muito mais conservador, quase árabe, deixa clara a grande diferença entre as duas cidades.

Fundação Cultural

Esquina de Harridan St com Sheikh Rashid St. Dom-qui 8h-15h, 17h-22h, sex-sáb 9h-12h, 17h-21h. ⓣ 02-621 5300, ⓦ www.cultural.org.ae/e. Mais ou menos no centro de Abu Dhabi, a elegante e moderna Fundação Cultural abriga diversas coleções, incluindo a Biblioteca e Arquivos Nacionais, e oferece um refúgio agradável, fresco e tranqüilo da cidade lá fora. Os visitantes casuais em geral encontram alguma coisa acontecendo aqui: exposições temporárias (grátis), geralmente com tema local ou islâmico, realizam-se no andar térreo, enquanto outras mostras se espalham pelos corredores, e podem ser vistos artesãos trabalhando no andar superior perto do simpático Delma Café (pág. 161). Também há projeções de filmes e concertos de música clássica à noite.

Qasr Al Hosn

Ao lado da Fundação Cultural fica o venerável Forte Qasr Al Hosn, de 1793, o mais antigo prédio de Abu Dhabi e antiga residência dos governantes da cidade. A grande estrutura branca, muito simples, não tem características arquitetônicas marcantes, mas as muralhas com ameias em ruínas, com algumas torres de vigia, são de uma beleza modesta, assim como os jardins ao redor, cheios de palmeiras. Às vezes se pode entrar no forte (se alguém tiver deixado a porta aberta), mas não há muito para ver além de um grupo discreto de construções modernas.

Imediatamente ao norte da Fundação Cultural, a Sheikh Rashid Street (também conhecida como Airport Road) contém uma interessante seqüência de esculturas de grande porte, incluindo um enorme canhão, um frasco de perfume e um bule de café – um contraste agradável com a arquitetura sem graça ao redor.

▼ A CIDADE VISTA DA FUNDAÇÃO CULTURAL

▲ A BEIRA-MAR

A Corniche

Dirigindo pelos subúrbios da cidade moderna, é fácil não perceber que na verdade Abu Dhabi foi construída sobre uma ilha, e não no continente. A localização da cidade em meio às águas mornas do Golfo é mais bem apreciada da Corniche à beira-mar, que percorre a maior parte dos 5 km da borda ocidental de Abu Dhabi. Ela é margeada por uma longa fileira de arranha-céus com fachadas de vidro e hotéis cinco-estrelas, que resumem as credenciais internacionais da cidade moderna e dão a Abu Dhabi suas vistas mais memoráveis (mas a beira-mar talvez seja mais bem apreciada da Aldeia do Legado dos EAU ou do Marina Mall, no lado oposto). A Corniche também é um ponto muito freqüentado pelos moradores que vêm se refrescar, especialmente perto do anoitecer, quando os calçadões à beira do Golfo se enchem de emirenses a passeio, europeus correndo e indianos fazendo piquenique – um retrato em miniatura perfeito da moderna Abu Dhabi.

O Louvre e o Guggenheim em Abu Dhabi

Apesar de estar atrás da vizinha Dubai na corrida pelo turismo global, Abu Dhabi anunciou recentemente planos audaciosos de recuperar o terreno perdido para o emirado rival e tornar-se um dos destinos mais procurados do mundo no século 21. No centro da visão estratégica de Abu Dhabi está o novo bairro cultural de US$ 27 bilhões que será desenvolvido na ilha hoje desabitada de **Saadiyat** ("Ilha da Felicidade"), alguns quilômetros mar adentro. O complexo incluirá uma mistura de hotéis de luxo, os inevitáveis campos de golfe e mais um "hotel sete-estrelas icônico". O aspecto mais interessante do esquema, porém, são os planos para uma série de museus internacionais de alto nível que se situarão na ilha – uma alternativa mais intelectual aos centros de prazer voltados para a diversão que deverão formar o grosso do futuro desenvolvimento de Dubai.

Os novos planos de Abu Dhabi já resultaram em dois grandes golpes culturais, revelados no final de 2006. O primeiro foi o anúncio de que a **Fundação Guggenheim** assinou um acordo para construir um enorme museu que deverá ser inaugurado em 2012, projetado pelo astro da arquitetura Frank Gemy, o gênio criativo por trás do célebre Museu Guggenheim em Bilbao (Espanha). A notícia, porém, logo foi ofuscada pelo anúncio ainda mais espetacular de que uma nova filial do **Louvre** será inaugurada na ilha, abrigada em um museu enorme em forma de disco voador projetado pelo aclamado arquiteto francês Jean Nouvel, e que deverá abrir mais ou menos na mesma época que o Guggenheim.

▲ EMIRATES PALACE HOTEL

Emirates Palace Hotel

Corniche West Street ☎02-690 9000, ⓦwww.emiratespalace.com. Na extremidade oeste da Corniche fica a mais nova e talvez mais espetacular atração turística da cidade, o Emirates Palace Hotel (inaugurado em 2005), construído para rivalizar com o Burj Al Arab de Dubai e dar a Abu Dhabi uma assinatura arquitetônica semelhante – ele até reivindica a mesma classificação de "sete-estrelas" que o Burj, mas com muito menos convicção. Na verdade, o Emirates Palace é muito mais tradicional e menos original que seu rival de Dubai – um extenso complexo cor de areia, quase árabe, que mais parece um cenário kitsch de Hollywood do que uma maravilha arquitetônica. E, embora seja inegavelmente impressionante, mesmo que só pelo tamanho (tem 1 km de comprimento) e opulência (114 cúpulas, 140 elevadores, 2 mil funcionários etc.), faltam-lhe o charme e o estilo de lugares semelhantes de temática árabe de Dubai. Grande parte do seu exterior parece estranhamente simples – fato

Abu Dhabi pagará estimado US$ 1,3 bilhão pelos direitos de expor partes do acervo do Louvre, que serão enviados temporariamente para ocupar o novo museu – calcula-se que cerca de 300 obras de arte francesas serão emprestadas no primeiro ano de funcionamento do museu, número que provavelmente diminuirá com o tempo, conforme o museu adquirir seu próprio acervo. As autoridades francesas prometeram que o Louvre de Paris não venderá nenhuma de suas 35 mil obras, mas também vale a pena lembrar que o Louvre possui cerca de 10 mil artefatos islâmicos, cuja maior parte está guardada por falta de espaço de exposição. Também se deve lembrar que os potenciais curadores dos dois museus insistem em afirmar que não exibirão quadros de nus ou temas religiosos que possam inflamar as sensibilidades culturais.

Muitos comentaristas afirmaram que o novo museu tem menos a ver com questões culturais do que com o desejo da França de reforçar seus interesses políticos e econômicos no mundo árabe. Mas o ex-presidente Jacques Chirac tentou salientar a importância cultural transcontinental do projeto, afirmando que o museu é um símbolo de "um mundo que considera o choque de civilizações a armadilha mais perigosa de nossos tempos". Seja qual for a filosofia por trás dos empreendimentos, tanto o Guggenheim quanto o Louvre prometeram dar um novo e fascinante incentivo cultural aos visitantes do Golfo – e talvez até ameaçar a hegemonia turística de Dubai, até agora incontestada.

irônico, na verdade, já que se acredita que o hotel seja o mais caro já construído (comenta-se que o custo chegou a US$ 3 bilhões). O interior é todo folheado a ouro, com candelabros e *chintz* no estilo europeu – muito elegante, mas dificilmente original. Os não-hóspedes geralmente podem entrar para uma refeição nos numerosos restaurantes e cafés do hotel – ou então nos suntuosos chás da tarde (DH$ 120-260), mas é melhor fazer reserva.

Aldeia do Legado dos EAU

Sáb-qua 8h-13h, 17h-21h, qui 17h-21h. Em posição dramática ao lado do quebra-mar que dá para a Corniche – uma pequena protuberância de aterro realizado na extremidade sul –, a Aldeia do Legado dos EAU oferece uma visão bem preservada dos costumes e culturas tradicionais da região, mas não fique surpreso se já tiver visitado lugares parecidos em outros pontos dos emirados. A "aldeia" ocupa um pequeno espaço com muitas cabanas pitorescas (*barasti*) e palmeiras iluminadas – especialmente bonito à noite –, enquanto as vistas do mar na Corniche são espetaculares. Há um museu pequeno e decente, abrigado em uma réplica de forte em miniatura, com exposições de trajes tradicionais e uma bela coleção de jóias antigas de prata – além de artigos mais corriqueiros como utensílios de cozinha e agrícolas, armas, moedas, equipamento para pesca de pérolas e curiosidades como um arreio de camelo e um peixe baiacu empalhado. Em frente ao museu há uma série de oficinas onde artesãos locais praticam técnicas tradicionais, como carpintaria, trabalho em vidro, cerâmica e latão. O chamado "mercado antigo", porém, é basicamente formado por algumas mulheres que oferecem artesanato barato.

A Aldeia do Legado fica ao lado de um enorme mastro que pode ser visto a quilômetros de distância; com 123 m, até pouco tempo era o mais alto do mundo, mas foi ultrapassado por um na Jordânia em 2003 – mas na verdade há outro na Coréia do Norte que supera os dois em mais de 30 m.

▼ LOJA TRADICIONAL, ALDEIA DO LEGADO

Marina Mall

Sáb-qui 10h-22h (qua-qui até 23h), sex 14h-22h. Em um pequeno promontório de frente para a parte sul da Corniche, o grande e moderno Marina Mall é o principal destino de compras da cidade. Apesar de não ser muito inspirador comparado a qualquer dos shoppings de Dubai, oferece vistas abrangentes da fileira de reluzentes arranha-céus revestidos de vidro da Corniche – e a praça de alimentação é uma boa escala antes ou depois de visitar a Aldeia do Legado. Para uma visão geral, siga para a nova torre Burj Al Marina (grátis) no fundo do shopping, com plataforma de observação e o obrigatório restaurante giratório no topo.

Restaurantes e cafés

Art Cauldron Café

Al Falah St, em frente ao Navy Gate. Diariam 11h-24h. Este engraçado e pequeno café num porão oferece um raro toque de boemia na séria Abu Dhabi. Com decoração excêntrica, tem bons pratos internacionais – massas, saladas e sanduíches, a partir de DH$ 35) – e uma enorme variedade de cafés. Mas é um pouco difícil de encontrar. Vá até o Navy Gate na Al Falah Street, depois dê a volta por trás do prédio no lado oposto e desça as escadas.

Beach Rotana Hotel

Tourist Club Area ☎ 02-644 3000. Este enorme e elegante hotel à beira-mar no lado norte da cidade possui talvez a melhor área de restaurantes da cidade, com 11 casas diferentes de comidas e bebidas para escolher. Muita gente prefere o popular Prego's (diariam 12h-24h), que serve pratos italianos sazonais em seu interior forrado de madeira ou no belo terraço que dá para o golfo Pérsico. Também há uma filial da animada rede Trader Vic's (pág. 103; diariam 12h-15h30, 19h-23h30), o elegante restaurante japonês Behihana (diariam 12h-15h, 19h-24h) e a aconchegante churrascaria Rodeo Grill (diariam 12h-15h30, 19h-23h30). Pratos ao redor de DH$ 50-70.

Delma Café

Primeiro andar, Fundação Cultural. Dom-qui 8h-22h, sex-sáb 10h-22h. Este pequeno café cheio de flores oferece uma excelente opção de almoço por bom preço se você estiver perto da Fundação Cultural. O menu simples apresenta sanduíches e saladas saborosos e baratos, tudo por cerca de DH$ 10. Muito freqüentado por mulheres estrangeiras mais velhas.

Hilton Abu Dhabi

Corniche ☎ 02-681 1900. Este cinco-estrelas discreto rivaliza com o Beach Rotana Hotel por sua série de bares e restaurantes internos – e fica em um local mais conveniente, perto do Marina Mall da Corniche. O descontraído Jazz Bar (dom-sex 19h-23h45) é um dos pontos mais concorridos da cidade entre os estrangeiros, com jazz ao vivo, drinques tentadores e excelente cozinha européia contemporânea. O bistrô Hemingway's, em estilo *hacienda* (diariam 12h-1h), é um antigo favorito para bate-papos à noite, servindo saborosa comida latino-americana e deliciosas *margheritas*. Outras opções incluem o bem cotado Vasco's (diariam 12h-23h), com uma boa seleção de pratos *fusion* que vão de *tagliatelli* frescos a tandooris indianos; o Royal Orchid (diariam 12h-23h45), que serve comida fina tailandesa, chinesa e mongol; e o Mawal (diariam 12h30-1h30), um dos melhores restaurantes libaneses da cidade, com o inevitável cantor ao vivo e dançarina do ventre à noite. Pratos principais em todos esses lugares em torno de DH$ 60-70.

Costa leste

A costa leste dos EAU é quase exatamente o contrário da oeste. Comparado com o litoral fortemente desenvolvido no golfo Pérsico, o do leste, voltado para o oceano Índico, é pouco habitado e ainda bastante preservado, graças principalmente às montanhas Hajar, áridas e rochosas, que ocupam a maior parte da região. Sonolento e pitoresco, o leste é um destino procurado nos fins de semana por visitantes de Dubai, que fica a apenas duas horas de carro, que vêm desfrutar as praias relativamente vazias ao longo da costa. Até uma viagem de um dia pela região é uma maneira fácil de perceber a atração que exerce sobre o resto dos EAU.

▲ MONTANHAS HAJAR

Montanhas Hajar

Uma das principais atrações em uma viagem à costa leste é a oportunidade de admirar as magníficas montanhas Hajar, que percorrem o lado leste dos EAU e penetram em Omã. Árida e rochosa, a parte das Hajar que fica nos EAU atinge o cume em 1.527 m no Jebel Yibir, no interior de Dibba, no extremo norte do país, e oferecem um belo pano de fundo para toda a costa leste, mudando sua cor de cinza-escuro para vermelho conforme a luz se altera ao longo do dia e capta os diferentes estratos minerais da rocha: vermelhos, amarelos, cinza e verdes. Em um detalhe menos pitoresco, você também deverá notar longas filas de caminhões carregados de pedras retiradas das Hajar e levadas para Dubai, onde são usadas para construir

Visitando a costa leste

A maioria das operadoras listadas na pág. 187 oferece **excursões de um dia** para o leste, que geralmente custam ao redor de DH$ 200-250. Outra possibilidade é **alugar um veículo**, e quando você conseguir sair de Dubai as estradas do leste são as mais vazias e fáceis de dirigir do país. O **transporte público** é bastante raro e não o levará muito longe em um dia.

Os vários emirados do leste

A divisão da ponta da península Arábica entre os sete emirados dos EAU e Omã é notadamente complexa – um quebra-cabeça com diversos segmentos de território devendo fidelidade a emirados diferentes. As fronteiras foram traçadas pelas autoridades coloniais britânicas, que simplesmente percorreram a península durante meses, perguntando em cada aldeia a que xeque devia fidelidade e traçando as fronteiras de acordo. Viajando pelo leste você passará por um número surpreendente de emirados. A maioria desta área pertence ao emirado de Fujairah, mas Masafi pertence a Ras Al Khaimah e Khor Fakkan a Sharjah, enquanto Dibba é dividido em três distritos: Dibba Muhallab, governado pelo emirado de Fujairah; Dibba al Hisn, governado pelo emirado de Sharjah; e Dibba Bayah, que pertence ao sultanato de Omã.

as enormes ilhas marítimas descritas na pág. 128, com conseqüências ambientais ainda imprevistas.

Masafi

A maioria das excursões à costa leste faz uma escala na pequena cidade de Masafi, o portal ocidental para as montanhas Hajar. Masafi é famosa por duas coisas: a primeira é sua água mineral – aqui é engarrafada a água do mesmo nome, vendida em todos os emirados. A segunda é o chamado Mercado de Sexta-feira (aberto diariam de 8h a 22h, apesar do nome). Espalhado dos dois lados da estrada movimentada, esse bazar muito turístico e sem charme sobrevive principalmente dos veículos que passam. É bom para comprar frutas e legumes, plantas, suvenires baratos e, especialmente, tapetes. Às vezes se podem descobrir alguns artigos decentes (por preços menores que em Dubai), mas a maior parte do estoque é industrial-kitsch – se você algum dia quis ter um tapete enfeitado com um enorme

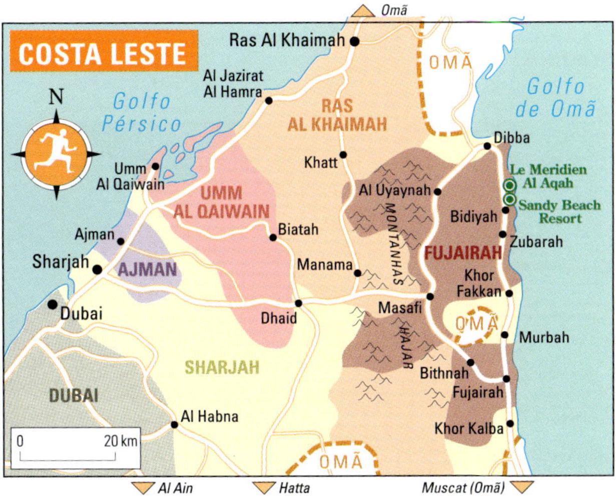

▲ DIBBA

retrato do xeque Zayed, por exemplo, esta é a sua chance.

Dibba

Depois de Masafi, a estrada segue ao norte até a sonolenta cidade costeira de Dibba. Surpreendentemente, esse lugarzinho pacífico foi o palco de uma das maiores batalhas da história islâmica primitiva, quando em 633, um ano após a morte do profeta Maomé, as forças de seu sucessor, o califa Abu Bakr, derrotaram as de um governante local que havia renunciado ao Islã. Um grande cemitério perto da cidade abrigaria, segundo a tradição, os restos dos apóstatas mortos na batalha. Apesar de seu passado ilustre, não há muito para ver aqui além da bela mesquita da cidade, com seus quatro minaretes elevados. Mas o panorama da ampla baía, tendo por trás as dramáticas montanhas Hajar, é ventilado e cenográfico, e a cidade em si é tão bonita quanto qualquer outra dos EAU, com casinhas baixas, muitas delas enfeitadas com portas metálicas pintadas em cores fortes.

Praia Al Aqah

Dibba também é o ponto de parada para a deliciosa praia de Al Aqah, uma bela faixa de areia dourada com alguns hotéis – o discreto Sandy Beach Motel e o mais elegante Le Meridien Al Aqah Beach Resort. Os dois são bons lugares para almoçar e passar algum tempo na areia. As águas ao redor do rochedo de formato curioso – popularmente conhecido como "Snoopy Island" –, diretamente em frente ao Sandy Beach Motel, são um ponto concorridos para mergulho e observação com *snorkel*.

▼ MESQUITA BIDIYA

Bidiya

Alguns quilômetros ao sul da Snoopy Island, a pequena aldeia de pescadores de Bidiya é famosa como o local da mais antiga mesquita dos EAU (e aqui "antiga" não quer dizer 1975). Datada do século 15, é uma pequena estrutura rústica feita de tijolos de barro e gipsita, encimada por quatro cúpulas achatadas; os visitantes às vezes recebem permissão para entrar no espaço pequeno e mal iluminado, sustentado por uma única coluna. Atrás da mesquita, degraus levam ao topo de um monte guarnecido de algumas torres de vigilância e com vista maravilhosa das montanhas Hajar.

Khor Fakkan

A cerca de 10 km mais ao sul, a considerável cidade de Khor Fakkan se estende ao redor de uma baía magnífica – uma das mais belas dos EAU –, mas, como a cidade faz parte do emirado de Sharjah, ultra-conservador e avesso a bebidas alcoólicas, ela não desfrutou o *boom* turístico que sua localização poderia sugerir. No entanto, é um lugar agradável para uma visita rápida, com uma bela orla com mercado de peixes, uma praia tentadora e vistas da ilha Sharq (outro local de mergulho apreciado), às vezes traduzida como ilha "Shark" (tubarão), mas *sharq* é a palavra árabe para "leste".

Fujairah

Percorrendo 20 km abaixo no litoral, você chegará à cidade de Fujairah, a maior da costa leste, cujos edifícios modestos e urbanização são uma surpresa depois da paisagem natural intocada. A cidade recentemente teve um pequeno desenvolvimento, sobretudo na esteira do sucesso econômico dos emirados vizinhos, especialmente Dubai. O foco principal dessa nova atividade econômica é o movimentado porto de abastecimento de navios, o segundo do mundo (depois de Cingapura), na extremidade sul da cidade. É daqui que se exporta a maior parte do petróleo dos EAU (a localização na costa leste evita que os navios façam uma volta de dois dias contornando a ponta da península Arábica), e geralmente há uma fila de vários quilômetros de petroleiros

▼ FORTE FUJAIRAH

ao largo esperando a vez de abastecer.

Muito mais pitoresco é o Forte Fujairah, talvez o mais atraente dos EAU, na região norte da cidade. Datado do século 16, ele é muito bem construído sobre uma grande rocha e com paredes altas e nuas erguendo-se até um belo núcleo de torres e ameias: uma visão dramática contra o pano de fundo das montanhas Hajar. O forte estava fechado para restauração na época desta edição, mas já deve estar aberto ao público. A área ao redor foi antigamente o centro da cidade de Fujairah, onde hoje permanecem alguns antigos prédios baixos de tijolos entre as manchas de arbustos espinhosos e pilhas de material de construção. Aqui perto, o Museu de Fujairah (dom-qui 8h30-13h30, 16h30-18h30, sex 14h-18h30; DH$ 1) contém um acervo banal de armas, jóias e vitrines arqueológicas.

Restaurantes e cafés

O melhor lugar para almoçar durante um passeio pela costa leste é um dos hotéis à beira-mar entre Dibba e Bidiyah. O imponente Le Meridien Al Aqah é o mais óbvio, mas seus dois melhores restaurantes (o Taste, com comida do Sudeste Asiático, e o indiano Swaad) só abrem à noite, por isso para almoçar você fica limitado ao restaurante-café View do mesmo hotel, que é bastante agradável. O novo Fujairah Rotana Resort próximo (em construção na época desta edição) é provavelmente uma aposta melhor, com um trio de opções aberto o dia todo, incluindo o restaurante de praia Waves, o café-lounge Al Falaj e o restaurante Mozaique. Grupos em excursão normalmente vão para o Sandy Beach Resort – um belo hotel, mas os bufês de almoço são horríveis.

Hospedagem

Hospedagem

Dubai tem opções de hospedagem variadas. No topo de linha, a cidade oferece o melhor leque de espetaculares hotéis cinco-estrelas. Se você puder pagar, a estada nesses palácios árabes contemporâneos provavelmente será um dos pontos altos de sua visita. Muitos dos melhores hotéis se localizam ao longo da praia em Jumeirah e na Dubai Marina, mas, como há falta de lugares para se hospedar na praia, esses hotéis tendem a ficar totalmente reservados com meses de antecedência, em especial nos meses de inverno (mesmo no sufocante verão os níveis de ocupação são bastante altos). Também há vários hotéis excelentes no centro da cidade, concentrados principalmente no Creek em Deira, além de uma série de hotéis requintados na Sheikh Zayed Road.

As opções médias são mais limitadas – a cidade sofre uma nítida falta de opções interessantes de três e quatro estrelas, com algumas exceções notáveis. Se você quiser ficar na praia sem gastar muito dinheiro, a única opção é o bastante sem graça Regent Beach Resort. Dito isso, há muitos lugares confortáveis por preços razoáveis espalhados por Bur Dubai e Deira, mas não espere grandes emoções ou muita personalidade.

Não há realmente hotéis baratos em Dubai, a menos que você consiga uma cama no albergue da juventude local. Você não encontrará um quarto duplo na cidade por menos de DH$ 250 (exceto no verão, quando as tarifas em alguns lugares caem para cerca de DH$ 150), mas mesmo esses são difíceis de encontrar. A boa notícia é que a rígida regulamentação e as inspeções do governo fazem com que os padrões sejam bons mesmo nos hotéis mais baratos – todos são muito limpos e bem mantidos e possuem banheiros nos quartos, com água quente, TV por satélite e geladeira – mas o ruído da rua ou das boates internas pode ser um problema em certos lugares.

Os hotéis em todas as faixas de preços mudam suas tarifas constantemente, conforme a época do ano e a demanda, por isso um hotel pode ter um ótimo valor em uma semana e ser um absurdo de caro na outra. Vale a pena pesquisar (e também dar uma olhada na internet, onde muitas vezes aparecem bons negócios). Os preços geralmente (mas nem sempre) dependem da temporada. Costumam ser mais altos nos meses mais frescos do inverno, de novembro a fevereiro (especialmente durante o popularíssimo Festival de Compras em Dubai), e mais baratos no alto verão (junho a agosto), quando as tarifas em alguns lugares (especialmente os distantes da praia) podem cair até 75%. Os impostos às vezes estão incluídos no preço citado, mas nem sempre, por isso verifique quando reservar, ou poderá descobrir que tem de pagar mais 20% (10% de taxa de serviço e 10% de imposto municipal). As tarifas citadas na lista a seguir incluem os impostos. Todos os preços dados são para o quarto duplo mais barato na alta temporada (incluindo todas as taxas), mas lembre que, devido às constantes flutuações de tarifas, eles são apenas uma orientação.

Bur Dubai

Os hotéis citados abaixo são mostrados no mapa da pág. 48.

O bairro central de Bur Dubai tem uma gama razoável de hospedagem por preços econômicos (mas menos que Deira, e geralmente com tarifas um pouco maiores); procure clubes noturnos internos nesta parte da cidade, que podem tornar insuportavelmente barulhentos hotéis muito bons como o Hyde Park e o Sun City. Também há algumas opções decentes na faixa média. Lugares mais elegantes (principalmente quatro-estrelas) ficam na Khalid Bin Al Waleed Road, mas a maioria não é muito inspiradora, com algumas honrosas exceções.

Admiral Plaza **Al Nadha St ⓣ04-393 5333, ⓦwww.admiralplazahotel.com**. Esta atraente opção na faixa média-baixa oferece boa localização central e quartos luminosos e modernos por preços razoáveis. As instalações incluem o inevitável Victory Pub em estilo inglês e um restaurante indiano e outro internacional, mais academia e piscina interna. Cerca de DH$ 500, com café-da-manhã e traslados para o aeroporto.

Ambassador **Al Falah St ⓣ04-393 9555, ⓦwww.astamb.com**. Semelhante a seu hotel-irmão, o Astoria, mas ligeiramente mais discreto, este é um bem-dirigido três-estrelas em localização central, perto do *souk* dos tecidos. Os quartos são modernos e bem equipados. Há piscina, alguns restaurantes (indiano e internacional) e o animado *pub* inglês George & Dragon. Cerca de DH$ 500.

Arabian Courtyard **Al Fahidi St ⓣ04-351 9111, ⓦwww.arabiancourtyard.com.** Este novo quatro-estrelas é claramente superior aos outros hotéis da faixa média em Bur Dubai (mas também um pouco mais caro). Em excelente localização em frente ao Museu de Dubai, é moderno com toques de estilo árabe, incluindo quartos atraentes, mobiliados em madeira. Entre as comodidades oferecidas estão *jacuzzi*, pequena academia, clube de saúde e o atraente Zaiton Spa, mas a piscina é tão pequena que decepciona. Também há alguns restaurantes indianos e asiáticos passáveis e o Sherlock Holmes Pub – um dos melhores bares em estilo inglês no centro da cidade. Cerca de DH$ 1.500.

Astoria **Al Fahidi St ⓣ04-353 4300, ⓦwww.astamb.com.** Um dos mais antigos hotéis de Bur Dubai, este lugar ainda atrai uma animada turma cosmopolita que varia de donas-de-casa russas a turistas indianos. Os quartos são modernos porém comuns, mas com preço decente. Seja cauteloso ao escolher o hotel, pois não é o lugar mais tranqüilo da cidade por causa de sua grande seleção de restaurantes e bares, incluindo o famoso restaurante e bar *tex-mex* Poncho Villa's, que tem uma boa banda latina residente e uma trupe ainda mais vistosa de garotas de programa tailandesas. Cerca de DH$ 550.

Dallas Hotel **Al Nadha St ⓣ04-351 1223, ⓔsiavash2@emirates.net.ae.** Um dos lugares mais baratos para se hospedar em Bur Dubai, numa rua lateral perto da Khalid Bin Al Waleed Road, este aceitável dois-estrelas tem quartos agradavelmente amplos, mas com uma mistura temível de móveis reciclados. Há um restaurante, mas não há bares nem boates, por isso é bastante tranqüilo. Cerca de DH$ 300.

▼ HOTEL ARABIAN COURTYARD

Four Points Sheraton Khalid Bin Al Waleed Rd ☎ 04-397 7444, Ⓦ www.fourpoints.com/burdubai. Um dos hotéis mais elegantes de Bur Dubai (se você ignorar o exterior sem graça), este discreto mas confortável quatro-estrelas fica um pouco acima da maioria dos concorrentes locais. Os quartos são bem mobiliados em estilo internacional simples, e também há academia, sauna, salão de beleza, uma (pequena) piscina, vários restaurantes e bares, incluindo o excelente Antique Bazaar (pág. 60) e o aconchegante Viceroy Bar (pág. 61). As tarifas variam conforme a demanda, mas podem ser surpreendentemente econômicas. A partir de DH$ 700.

New Penninsula Hotel Al Raffa St ☎ 04-393 9111, Ⓦ www.newpenninsula.com. Um dos mais baratos hotéis de categoria média-baixa em Bur Dubai, bem dirigido e em localização central, perto da estação rodoviária. Os quartos, dispostos ao redor de um saguão branco e refrescante, são confortáveis, mas com decoração ligeiramente cafona. Há um bom leque de diversões no hotel, como um restaurante em estilo mongol e alguns bares de tema indiano. Cerca de DH$ 400.

Regent Palace Hotel Sheikh Zayed Rd ☎ 04-396 3888, Ⓦ www.ramee-group.com. Esta grande e antiga caixa de concreto parece muito sem graça por fora, mas tem um certo encanto antiquado quando você entra, com um saguão intimista enfeitado com trepadeiras penduradas e mobiliado com poltronas de couro, e quartos aconchegantes com grande quantidade de tecidos aveludados e vermelhos (mas só com camas de solteiro). As amenidades incluem academia, pequena piscina, restaurantes indiano e asiático e o Rock Bottom Café, um famoso bar de paquera que funciona até tarde da noite. Cerca de DH$ 1.100.

Royal Ascot Hotel Khalid Bin Al Waleed Rd ☎ 04-355 8500, Ⓦ www.royalascothotel-dubai.com. Este hotel em estilo pseudogeorgiano é um dos lugares mais bonitos nesta faixa (mas o serviço pode ser péssimo). Os quartos na enorme parte nova do hotel são luxuosos (também há alguns mais simples, muito mais baratos, na ala antiga), e há vários bons restaurantes, incluindo o excelente Yakitori (pág. 61), além de piscina, spa e academia. Freqüentado por tripulações de companhias aéreas. Ala nova, cerca de DH$ 1.500; antiga, DH$ 850.

Time Palace Hotel Al Fahidi St ☎ 04-353 2111, Ⓦ www.time-palace.com. O melhor hotel econômico em Bur Dubai, em um local insuperável, a apenas 50 m da entrada principal do *souk* dos tecidos. É surpreendentemente tranqüilo, apesar da localização central. Tem um café indiano simples, mas não outras comodidades. Costuma estar lotado, por isso é bom reservar com muita antecedência. Cerca de DH$ 300.

XVA Bastakia ☎ 04-353 5383, Ⓦ www.xvagallery.com. Uma mudança refrescante das acomodações geralmente banais de Bur Dubai, esta galeria e café com ambiente especial (págs. 53 e 60) tem três quartos de hóspedes em sua bela e antiga casa bastakia. Os quartos são pequenos mas cheios de personalidade, com móveis árabes, janelas com venezianas e camas com dossel, além de vistas atraentes das torres de vento ao redor. Não há comodidades à mão, mas há uma sala de TV e acesso wi-fi no belo café no pátio. As tarifas são baratas, mas você terá de reservar com muita antecedência. Quarto padrão, DH$ 650; de luxo, DH$ 750.

Deira

Os hotéis citados abaixo são mostrados no mapa da pág. 64, a menos que indicado de outro modo.

Deira tem facilmente a maior variedade de hotéis econômicos da cidade e as tarifas mais baratas, assim como muitas opções intermediárias e alguns excelentes estabelecimentos de alta classe, localizados ao lado do Creek e que oferecem vistas maravilhosas dele. Hospedar-se aqui o coloca no centro da ação da cidade, mas significa que você terá de fazer longos trajetos de táxi para chegar às outras partes da cidade e à praia.

Carlton Tower Hotel Baniyas St ☎ 04-222 7111, Ⓦ www.carltontower.net. Inaugurado em 1977, este aconchegante quatro-estrelas é um dos hotéis mais antigos de Dubai e mantém um ambiente antiquado mas agradável, assim como uma excelente localização, bem no centro da cidade. Os quartos são confortáveis, embora antiquados, alguns com belas vistas do Creek (outros têm vista para a cidade), mas o ruído da rua pode ser incômodo nos andares mais baixos. As comodidades incluem restaurantes iraniano e internacional, uma piscina na cobertura e o habitual *pub* inglês. Também há ônibus grátis para a praia pública em Jumeirah. Cerca de DH$ 1.200.

Dubai Youth Hostel Al Nahda Rd, Al Qusais ⓣ04-298 8151, ⓦwww.uaeyha.com. Ver mapa na contracapa. É a hospedagem mais barata de Dubai, mas fica a uma distância considerável do centro, no caminho de Sharjah, no subúrbio de Al Qusais. Por isso, pode ser preferível ficar num hotel barato no centro, pois os quartos duplos do albergue não são muito mais em conta do que em alguns hotéis econômicos de Deira (e você poderá gastar a diferença em táxis, para ir e voltar do albergue); também há um limite de três dias para estadas no albergue. As instalações são excelentes pelo preço, com quartos individuais e duplos limpos e iluminados, além de dormitórios baratos, piscina, academia, sauna e spa (a hospedagem na ala nova, um pouco mais cara, é muito melhor que na ala antiga). O albergue é um pouco difícil de encontrar; tente perguntar pelo Al Ahli Club na Al Nadha Road, logo ao sul do cruzamento com a Al Ittihad Road, a estrada principal para Sharjah – o albergue fica 100 m ao sul, na mesma estrada. Os ônibus nº 3, 17 e 31 passam pelo albergue na ida e na volta do centro da cidade. Camas em dormitório DH$ 60-85/DH$ 75-100 por pessoa; duplos DH$ 150-170/DH$ 170-200 (membros/não-membros da Federação Internacional). Se você ainda não for membro, pode se inscrever por DH$ 150.

Florida Hotel Al Sabkha Rd ⓣ04-226 8888, ⓦwww.florahotels.ae. Não confundir com o elegante Hotel Florida International na mesma rua. Esta é uma das opções econômicas de melhor aparência em Deira, com quartos pequenos mas bem mobiliados, dando para a Al Sabkha Street (mas às vezes há um pouco de barulho da rua) e pessoal amistoso. Cerca de DH$ 320.

Gold Plaza Guesthouse Sikkat Al Khail ⓣ04-225 0240. Hotel antigo, vizinho à entrada do *souk* do ouro e freqüentado por negociantes africanos que o visitam. Os quartos não têm nada de especial, mas são baratos, razoavelmente silenciosos e aceitáveis pelo preço. Também oferece quartos individuais muito baratos (DH$ 125-175), se você conseguir um. Cerca de DH$ 250.

Al Hijaz Heritage Motel Ao lado da Al Ahmadiya School ⓣ04-225 0085, ⓦwww.alhijazmotel.com. Um lugar dirigido por somalianos, ocupando uma antiga e adorável casa tradicional vizinha à Al Ahmadiya School. Os quartos são bem decorados com belos móveis antigos – e por um preço econômico. Não se fala muito inglês, porém, e o café no pátio geralmente fica cheio de somalianos vendo televisão e tomando chá, dando um toque de cor local ao ambiente "butique". Cerca de DH$ 420.

Hilton Dubai Creek Baniyas Rd ⓣ04-227 1111, ⓦwww.hiltondubaicreek.com. O mais notável hotel no centro da cidade, o Hilton Dubai Creek é todo em estilo contemporâneo, desde o design interior de Carlos Ott até o restaurante Verre, dirigido por Gordon Ramsay (pág. 75). A decoração intrigante mistura industrial-chique com zen-designer, desde o saguão brilhante com uma enorme quantidade de revestimentos metálicos até os elevadores espelhados e corredores com lambris de madeira com luzes azuis no piso. Os quartos são excepcionalmente bem equipados (aparelhos de fax, massageadores para os pés e tocadores de DVD em todos) e decorados em estilo minimalista, branco e bege, e também têm ótimas vistas do Creek, emolduradas por janelas do piso ao teto. Há uma academia de ginástica e uma pequena piscina na cobertura com vistas espetaculares (mas não há sauna ou spa). Diante do estilo, ele é

▼ HOTEL HILTON DUBAI CREEK

surpreendentemente econômico, sobretudo no verão. Cerca de DH$ 1.500.

Hotel Florida International Em frente à estação de ônibus Al Sabkha, na Al Sabkha Rd. ⓣ04-224 7777, ⓦwww.florahotels.ae. Um dos hotéis mais notáveis e atraentes de Deira, bem no centro da cidade. O serviço é bom, e os quartos, embora pequenos, são limpos e bem equipados; paredes à prova de som permitem que sejam bastante silenciosos, apesar da localização em uma rua movimentada (mas talvez você prefira sacrificar a vista das ruas por um quarto mais tranqüilo nos fundos). Cerca de DH$ 500.

Hyatt Regency ⓣ04-209 1234, ⓦwww.dubai.regency.hyatt.com. Um gigantesco cinco-estrelas, ergue-se em esplendor monolítico no lado norte de Deira, convenientemente próximo ao Gold Souk e ao centro da cidade. O interior é um espetáculo reluzente – literalmente, no caso do saguão de mármore branco –, com quartos espaçosos decorados em estilo minimalista, madeira e branco. Todos têm vistas (espetaculares dos andares mais altos) e conveniências modernas. Também há piscina, academia e uma boa opção de restaurantes (págs. 73-5). Cerca de DH$ 1.500.

Al Karnak Hotel Naif Rd. ⓣ04-226 8799, ⓔalkarnakhotel@hotmail.com. Um dos mais baratos de Deira, bem no centro do movimento. Os quartos parecem um pouco velhos, mas são espaçosos e agradáveis, e pelo preço você não pode se queixar. Muito freqüentado por africanos que visitam o Gold Souk nas proximidades. Cerca de DH$ 220.

Al Khayam Hotel Perto da entrada do Gold Souk, quase em frente à Gold Plaza Guesthouse ⓣ04-226 4211, ⓔkhayamh@emirates.net.ae. Mais uma das várias hospedarias ao redor do *souk* do ouro, esta tem alguns quartos "modernos", de mobília e preços medianos, e outros individuais e duplos "antigos" – um pouco desleixados, mas passáveis, e o mais barato que se encontra em Deira. DH$ 200-300.

La Paz Perto da entrada do Gold Souk, a algumas portas da Gold Plaza Guesthouse ⓣ04-226 8800, ⓔhotellapaz@hotmail.com. Este "hotel familiar" (nada de álcool ou senhoras escusas) talvez seja o mais tranqüilo dos pequenos estabelecimentos reunidos perto da entrada do Gold Souk. Os quartos parecem um pouco mal cuidados, com colchas descombinadas e móveis gastos, mas são bem limpos e confortáveis. Cerca de DH$ 300, com café-da-manhã e traslado para o aeroporto.

Radisson SAS Hotel Dubai Deira Creek Ainda muito conhecido como InterContinental, como se chamava até o final de 2006. Baniyas Rd. ⓣ04-222 7171, ⓦwww.deiracreek.dubai.radissonsas.com. O primeiro cinco-estrelas da cidade, esta grande dama do mundo hoteleiro ainda tem muito a seu favor, incluindo a localização central, uma excelente oferta de restaurantes (págs. 72-6) e uma posição privilegiada sobre o Creek – todos os quartos têm vistas para ele, que melhoram quanto mais alto se sobe. O estilo é europeu antiquado mas interessante, com áreas comuns cafonas e quartos luxuosos (mas banheiros pequenos) e uma certa ostentação que inclui miniaturas de TV sobre os mictórios masculinos. Também tem piscina e instalações de ginástica e saúde. Cerca de DH$ 1.900, mas verifique ofertas especiais no site.

Sheraton Dubai Creek Baniyas Rd. ⓣ04-228 1111, ⓦwww.sheraton.com/dubai. Este atraente cinco-estrelas tem boa localização central, ambiente cinematográfico sobre o Creek e áreas comuns vistosas, com muito mármore branco e um saguão incomum em forma de cunha, salpicado de palmeiras. Cerca da metade dos quartos tem vistas para o Creek (cada vez mais esplêndidas conforme você sobe), mas a decoração é decepcionante, antiquada em comparação com os espaços comuns, e os banheiros são pequenos. Há uma boa gama de ofertas de lazer, com sauna, academia e piscina, e três bons restaurantes (Ashiana, Creekside e Vivaldi; págs. 72-6). A tarifas podem ser excelentes e bem menores que os cinco-estrelas próximos. Cerca de DH$ 1.000.

St George ⓣ04-225 1122, ⓦwww.stgeorgedubai.com. Instalado no Creek, perto da ponta da península de Deira, este grande três-estrelas oferece quartos espaçosos e bem mobiliados, a maioria com boas vistas da cidade e do Creek, e uma situação imbatível muito perto dos *souks* e *abras*, tudo por um preço muito razoável. O único ponto negativo é a falta de piscina, enquanto

▲ HOTEL PARK HYATT

os clubes noturnos iraniano e árabe e o bar na cobertura podem ser ruidosos se você estiver num quarto próximo. Cerca de DH$ 800.

Subúrbios interiores

Os hotéis citados abaixo são mostrados no mapa das págs. 80-1, a menos que indicado de outro modo. Não há muitos lugares de destaque para se hospedar nos subúrbios interiores de Dubai, mas os três citados abaixo compensam de diferentes maneiras sua localização ligeiramente fora de mão.

Grand Hyatt Al Qataiyat Rd, Oud Metha. ☏04-317 1234, ⓦwww.dubai.grand.hyatt.com. Este hotel colossal – o maior de Dubai, com 674 quartos espalhados por 16 andares – é grandioso em todos os sentidos. Só o amplo saguão poderia engolir dois ou três estabelecimentos menores e abriga uma vasta gama de lojas, cafés e restaurantes, mais uma área razoável de floresta tropical falsa, com os cascos de quatro grandes barcos de madeira perfurando o teto. Os quartos são maiores que a média e têm ótimas vistas do Creek ou da Sheikh Zayed Road, através de grandes janelas (mas a decoração em si não é inspirada). Há uma grande variedade de atrações: quatro piscinas (incluindo uma coberta com música embaixo da água), spa, *jacuzzi*, sauna a vapor e seca, clube infantil, academia, vários bons restaurantes e a boate Mix (pág. 91). As tarifas em geral são relativamente boas pela oferta. O único problema do hotel é sua situação no meio do nada – mas a posição estratégica junto da Ponte Garhoud e diversas autopistas o coloca a um curto trajeto de táxi de quase qualquer lugar da parte norte da cidade. A partir de DH$ 800-1.200.

Park Hyatt Dubai Creek Golf and Yacht Club, Garhoud. ☏04-602 1234, ⓦwww.dubai.park.hyatt.com. O hotel mais atraente no centro da cidade de Dubai, este novo e elegante cinco-estrelas, situado entre o Dubai Creek Golf e o Yacht Club, ocupa um extenso complexo de prédios baixos, com paredes brancas e cúpulas azuis em estilo quase marroquino, rodeado por amplo terreno cheio de palmeiras. Os quartos (alguns com belas vistas do Creek) são grandes, com decoração refrescante em branco e bege e banheiros espaçosos. As conveniências incluem uma grande piscina e excelente academia e outras instalações de saúde e lazer, além do bom restaurante tailandês Kitchen e do atraente bar The Terrace ao lado da marina. Cerca de DH$ 1.800.

Rydges Plaza Al Diyafah St, Satwa. ☏04-398 2222, ⓦwww.rydges.com. Mapa na pág. 82. Se você quiser ficar nesta parte da cidade, este despretensioso quatro-estrelas, em frente ao Satwa Roundabout, é o lugar ideal. Os quartos são confortáveis (mas os que dão para a rotatória são um pouco barulhentos) e as comodidades incluem uma pequena piscina, academia, clube de saúde e traslados grátis duas vezes por dia para o Jumeirah Beach Park. Também há algumas excelentes opções de restaurantes e bares no hotel, como o Il Rustico (pág. 89) e o Coconut Grove (pág. 88), mais o antigo e concorrido *pub* Aussie Legends (pág. 90). Cerca de DH$ 1.000.

Sheikh Zayed Road

Os hotéis citados abaixo são mostrados no mapa da pág. 94. As tarifas de hotéis na Sheikh Zayed são tão altas quanto as próprias torres, mas as vistas maravilhosas e as instalações de classe compensam o preço. A única opção não-luxuosa na área é o excelente *Ibis*, de faixa média.

Crowne Plaza **Sheikh Zayed Rd. ⓣ04-331 1111, ⓦwww.crowneplaza.com.** Um dos mais baratos cinco-estrelas do bairro, o Crowne Plaza é um refúgio de elegância do Velho Mundo entre os estabelecimentos modernos que margeiam a Sheikh Zayed Road. É um pouco antiquado, mas ainda interessante, com um claro ambiente europeu, desde o saguão entulhado mas simpático até os quartos aconchegantes, com grande quantidade de tecidos luxuosos e móveis um pouco fora de moda, além das habituais comodidades cinco-estrelas. Também há bons restaurantes e bares (págs. 101-5) e uma variedade passável de instalações de lazer, como piscina e academia – mas não se comparam com as de outros lugares na mesma avenida. A partir de DH$ 825.

Dusit Dubai **Sheikh Zayed Rd. ⓣ04-343 3333, ⓦwww.dusit.com.** Este marco em forma de *wai* (mãos postas) da Sheikh Zayed Road (pág. 95) é um dos mais bonitos e econômicos cinco-estrelas da área. O hotel, de propriedade e em estilo tailandeses, tem um ambiente próprio que combina design interno tranqüilo e serviço ultra-atencioso. Os quartos são chiques, decorados em bege e marrom (e projetados com inteligência, de modo que você pode ver TV até da banheira). Também há as habituais comodidades de um cinco-estrelas, incluindo o excelente restaurante Benjarong (pág. 99). As tarifas são razoáveis, considerando-se o nível do lugar. Cerca de DH$ 1.500.

▲ SAGUÃO DO HOTEL EMIRATES TOWERS

▼ HOTEL DUSIT DUBAI

Emirates Towers **Sheikh Zayed Rd. ⓣ04-319 8760, ⓦwww.jumeirahemiratestowers.com.** Ocupando a menor das duas icônicas Emirates Towers, este estabelecimento exclusivo é geralmente classificado como o melhor hotel de negócios da cidade, atendendo principalmente altos executivos com verbas de representação generosas. Os quartos são equivalentes, com decoração austera e sérios móveis cinzentos, calculados para não abalar os nervos de CEOs atarefados – se você não estiver aqui a trabalho, poderá achar o ambiente um pouco espartano. As horas de descanso podem ser passadas na piscina, no clube de saúde ou no spa H2O, exclusivo para homens, além de diversas lojas, restaurantes e bares no Emirates Boulevard. Cerca de DH$ 3.200.

▲ SAGUÃO DO HOTEL FAIRMONT

Fairmont **Sheikh Zayed Rd. ⓣ04-332 5555, ⓦwww.fairmont.com.** Um marco da Sheikh Zayed Road, imediatamente reconhecível à noite por suas torres iluminadas. No interior, o hotel é um dos mais elegantes da avenida, rodeando um saguão muito alto de aço e vidro, de aspecto futurista, em tons de cinza com focos de luzes coloridas. Os quartos são lindamente mobiliados, com decoração bege calmante, enormes TVs e todas as comodidades habituais, além de banheiros maiores que a média. O nono andar é dedicado às instalações de lazer, como o suntuoso Willow Stream Spa e as piscinas voltadas para o nascer e o pôr-do-sol, em cantos opostos do prédio. Muita classe, mas o preço também é alto. Cerca de DH$ 3.000.

Ibis **World Trade Centre. ⓣ04-318 7000, ⓦwww.ibishotel.com.** Este estabelecimento despretensioso, com ótima tarifa, é o único refúgio nesta parte da cidade para os que não têm a carteira de um xeque. Os quartos são pequenos mas mobiliados com gosto, e os mais altos têm lindas vistas. Não há comodidades no hotel, além de alguns restaurantes e bares decentes, mas os hóspedes podem usar as do adjacente Novotel por apenas DH$ 20. Cerca de DH$ 350.

Al Murooj Rotana **Doha St. ⓣ04-321 1111, ⓦwww.rotana.com.** Este amplo e novo hotel é terrivelmente feio por fora, mas felizmente as coisas melhoram muito depois que você entra. Os quartos são modernos, decorados com bom gosto (alguns com excelentes vistas do Burj Dubai) e um leque decente de comodidades, como o restaurante Latino House (pág. 100) e o bar Double Decker. Um dos mais baratos cinco-estrelas da Sheikh Zayed Road. Cerca de DH$ 1.450.

Novotel **World Trade Centre. ⓣ04-318 7000, ⓦwww.novotel.com.** Mais barato e menos vistoso que os outros cinco-estrelas da Sheikh Zayed Road, este hotel discreto, orientado para negócios, tem um estilo próprio, desde o saguão minimalista e chique até os quartos de design interessante, com decoração fresca em bege e madeira. Suas conexões diretas com o World Trade Centre garantem um fluxo constante de visitantes, mas também há uma piscina de bom tamanho, academia, spa e sala de massagem, além de atividades para crianças e serviço de babá. Também abriga o excelente Blue Bar e o Lotus One (pág. 104). Cerca de DH$ 1.100.

Shangri-La **Sheikh Zayed Rd. ⓣ04-343 8888, ⓦwww.shangri-la.com.** O mais elegante hotel da Sheikh Zayed Road, o Shangri-la é pura classe contemporânea – uma mistura intrigante de chique-zen com frescor escandinavo. Os quartos têm belo acabamento em madeira, obras de arte nas paredes e espelhos por toda parte – até as camas são obras de arte em miniatura, com almofadas empilhadas e enormes cabeceiras acolchoadas. O quarto andar é dedicado a instalações de lazer, como um spa, cabeleireiro masculino, academia bem equipada e uma das melhores piscinas da área. O hotel também tem excelentes restaurantes (págs. 100-2). É claro que isso não custa barato, mas ainda fará um rombo bem menor na sua carteira do que o Fairmont e o Emirates Towers, especialmente no verão, quando os preços despencam. Cerca de DH$ 2.400.

Towers Rotana **Sheikh Zayed Road ⓣ04-312 2320, ⓦwww.rotana.com.** Este quatro-estrelas discreto é uma das opções mais baratas (e mais simples) da Sheikh Zayed Road. É visivelmente comum, comparado com outros lugares, mas goza de uma boa localização, aproximadamente na metade da avenida, e com uma boa gama de comodidades de lazer, como piscina, academia bem equipada, sauna seca e a vapor e salas de massagem, além de alguns restaurantes decentes e o popular Long's Bar. Mas ainda é relativamente caro pelo que você recebe. Cerca de DH$ 1.300.

Jumeirah e Umm Suqeim

Os hotéis citados abaixo são mostrados no mapa da pág. 115, a menos que indicado de outro modo.

Os subúrbios de Jumeirah e Umm Suqeim reúnem os mais memoráveis hotéis de praia de Dubai, que vão do *Dubai Marine Beach Resort,* com seu ambiente festivo, ao mundialmente famoso *Burj Al Arab* – mas não é de surpreender que nada disso seja barato (a não ser o bastante sem graça *Regent Beach Hotel*).

Burj Al Arab **Ⓣ04-301 7777, Ⓦwww.burj-al-arab.com.** Uma estada neste hotel magnífico (para mais informações, veja pág. 114) é o máximo do luxo em Dubai. As famosas instalações "sete-estrelas" incluem fabulosas suítes com mezanino (a categoria inferior de acomodação – aqui não há quartos comuns), chegada em Rolls-Royce com motorista (ou traslado de helicóptero do aeroporto por mais DH$ 9 mil) e um mordomo particular (mais DH$ 40 mil lhe darão a suíte real, com elevador e cinema privativos, cama giratória com dossel e sua própria *majlis* árabe). Como você poderia esperar, aqui há todas as facilidades imagináveis, além de várias em que você não pensou, como um "cardápio de travesseiros" para garantir um sono perfeito, instalações topo de linha para negócios e lazer, entre elas o superlativo Assawan Spa and Health Club. Também há a espetacular coleção de restaurantes e bares do hotel para explorar e um trecho de praia maravilhoso – ou apenas alugue um dos carros do hotel para um passeio (escolha entre Ferrari, Porsche e Lamborghini). As tarifas divulgadas começam em DH$ 7.800, mas o website oferece descontos de até 50%.

Dar Al Masyaf **Madinat Jumeirah. Ⓣ04-366 8888, Ⓦwww.madinatjumeirah.com.** Uma alternativa mais intimista (e ainda mais cara) que os dois grandes hotéis de Madinat Jumeirah, o Dar Al Masyaf consiste em uma rede de prédios baixos e discretos espalhados pelas bordas do complexo Madinat, com amplos jardins cheios de palmeiras; cada prédio contém um pequeno número de quartos, que compartilham uma piscina comum e são decorados à maneira árabe luxuosa do Al Qasr e Mina A'Salam, cujas inúmeras instalações compartilham. Cerca de DH$ 3.800.

Dubai Marine Beach Resort **Jumeirah Rd, próximo à Mesquita Jumeirah. Ⓣ04-346 1111, Ⓦwww.dxbmarine.com. Mapa nas págs. 108-9.** Este atraente resort é mais conhecido por sua maravilhosa série de bares e restaurantes (págs. 112-3) – uma grande atração para a maioria dos visitantes, mas as coisas podem ficar animadas demais à noite, por isso não é realmente o lugar ideal para férias de verão tranqüilas. Sua localização faz com que seja o único cinco-estrelas em Dubai onde você pode estar na praia mas também a curta distância do centro da cidade. Os quartos são decorados com bom gosto, instalados em simples e modernas *villas* brancas em meio a jardins luxuriantes cheios de plantas tropicais – um contraste bem-vindo com o concreto interminável do lado de fora –, e há um pequeno trecho de praia de areia branca, duas piscinas médias e um spa. Cerca de DH$ 1.700.

Jumeirah Beach Hotel **Ⓣ04-4068516, Ⓦwww.jumeirahbeachhotel.com.** O lugar mais luxuoso e elegante da cidade quando foi inaugurado há uma década, este hotel (pág. 117) decaiu um pouco desde então e hoje atende um público mais classe-média (principalmente da Grã-Bretanha) de famílias e casais. Não que tenha piorado por isso, e tem um ambiente alegre e casual à noite. As comodidades do hotel estão entre as melhores da cidade, incluindo mais de 20 restaurantes, várias casas noturnas badaladas (págs. 123-5), sete piscinas, seis quadras de tênis, uma minipista de golfe, centro de mergulho e clube infantil, além de uma grande praia com muitos esportes aquáticos disponíveis e vistas fantásticas do Burj Al Arab. Além disso, os hóspedes têm acesso ilimitado ao parque aquático Wadi Wild, ao lado. O hotel também abriga o Beit Al Bahar, 19 *villas* isoladas em jardins luxuriantes com linda decoração árabe e piscinas com trampolim. DH$ 3.360; Beit Al Bahar, DH$ 8.000.

Mina A'Salam Madinat Jumeirah. ⓣ04-366 8888, ⓦwww.madinatjumeirah.com. *O Mina A'Salam* ("Porto de Paz") tem o mesmo tema árabe do Madinat Jumeirah, com prédios encimados por torres de vento e toques decorativos marroquinos, mas seu tamanho e altura lhe conferem um leve clima de resort para pacotes que parece não combinar com seu tradicional estilo do Oriente Médio. Os quartos são belamente decorados com móveis de madeira e tecidos tradicionais árabes, e as áreas comuns são cheias de personalidade. Mas o lugar como um todo pode parecer uma versão diluída do mais extravagante (e pouco mais caro) hotel Al Qasr, do outro lado de Madinat – mas talvez você prefira o estilo menos ostentatório e mais caseiro do Mina A'Salam. As comodidades incluem um belo trecho de praia particular, três piscinas, o Six Senses Spa e clube de saúde, mais os cerca de 40 restaurantes e bares (e inúmeras lojas) do complexo Madinat Jumeirah. DH$ 3.480.

Al Qasr Madinat Jumeirah. ⓣ04-366 8888, ⓦwww.madinatjumeirah.com. Este opulento e extravagante hotel de temática árabe parece saído de um cenário de filme, desde as estátuas de cavalos empinados e vistas fantásticas do Madinat que o recebem na chegada até a entrada em colunata para o magnífico saguão, com uma longa série de chafarizes em cascata e talvez os maiores candelabros de Dubai. Os quartos são igualmente dramáticos, com vistas incríveis e decoração oriental suntuosa, que inclui reproduções de móveis antigos e quantidades copiosas de tecidos, cortinas e tapetes coloridos – e, é claro, quase todo o luxo e as comodidades que você possa imaginar. Também há uma enorme piscina, o Six Senses Spa, salão de beleza Caritas e todas as facilidades do Madinat Jumeirah na porta de casa. DH$ 3.550.

▼ HOTEL AL QASR

Regent Beach Resort Saindo da Jumeirah Road, 200m ao sul do Dubai Marine Beach Resort. ⓣ04-344 5777, ⓦwww.ramee-group.com. Mapa págs. 108-9. Se você estiver absolutamente desesperado para ficar em Jumeirah mas não puder pagar um cinco-estrelas, este pequeno três-estrelas discreto e nada inspirador pode ser sua única opção (mas não é barato). Os quartos são confortáveis, embora sem personalidade, e há uma pequena piscina e academia.
A principal desvantagem é que, apesar de estar à beira-mar, não tem praia privativa, por isso você terá de se misturar com a população na praia nada atraente lá fora. DH$ 800.

Dubai Marina

Os hotéis citados abaixo são mostrados no mapa da pág. 130.

Grosvenor House ⓣ04-399 8888, ⓦwww.grosvenorhouse-dubai.com. Um pouco afastado da orla, este elegante arranha-céu de 45 andares (espetacular quando iluminado à noite) está mais para urbano-chique no estilo Sheikh Zayed Road do que para balneário de praia. Todo o hotel é um modelo de modernidade, desde as áreas comuns em tons suaves até os quartos de decoração elegante, em branco, bege e cru, e com grandes janelas panorâmicas que oferecem vistas da Marina e do litoral. Também há piscina, academia, spa, salas de massagem e clube de saúde. E, se você se entediar, pode pegar um ônibus grátis até o centro da cidade, ao Ibn Battuta Mall ou ao

Royal Meridien, com praia e piscinas que você pode usar de graça. O seleto leque de restaurantes e bares do hotel (págs. 133-4) é mais uma atração. Cerca de DH$ 1.800.

Habtoor Grand Resort and Spa ⓣ**04-399 5000,** ⓦ**www.habtoorhotels.com.** Este cinco-estrelas exagerado mistura os estilos de resort de praia com arranha-céu urbano, de resultado duvidoso, com um par de torres enormes dominando os jardins, a piscina e a praia do hotel. Não é o mais chique da praia, mas os quartos (nas duas torres ou – mais baratos – no térreo) são confortáveis e alegres, com cores vivas, decoração atraente e vistas amplas da Marina, do mar e de Jumeirah Palm (dos andares mais altos). As extensas comodidades incluem 13 bares e restaurantes, spa, clube de saúde, esportes aquáticos, quadras de tênis e squash e clube infantil, mais três piscinas e uma boa extensão de praia particular. O tamanho do hotel, porém, significa que não é o lugar mais tranqüilo na praia. Torre, DH$ 2.340; resort, DH$ 1.800.

Hilton Jumeirah Beach ⓣ**04-399 1111,** ⓦ**www.hilton.com/worldwideresorts.** Este Hilton ostentatório apresenta muito metal reluzente e um ar de chique cosmopolita – é mais um lugar de escape para urbanóides do que um balneário familiar, e tende a atrair uma turma local jovem e moderna. Os quartos são claros e com decoração alegre. As comodidades são limitadas em comparação com lugares próximos, mas há um clube de saúde, academia e bons restaurantes e bares, incluindo o conhecido italiano BICE (pág. 134). Na área externa há uma grande piscina com bar aquático e belos jardins que vão até o mar, mas a praia do hotel é menor que a dos estabelecimentos vizinhos, e as espreguiçadeiras ficam muito próximas. Também há uma série de esportes aquáticos disponíveis, além de brinquedos e piscina para crianças. DH$ 750.

Le Meridien Mina Seyahi Beach Resort & Marina ⓣ**04-399 3333,** ⓦ**www.lemeridien-minaseyahi.com.** É o menos impressionante dos hotéis da Marina, com serviço irregular, arquitetura insossa e quartos cafonas – tudo precisando urgentemente de reforma. Os pontos positivos são o terreno extenso e a grande área de praia, a maior de todos os hotéis da Marina, e os pais vão adorar o clube infantil e o serviço de babá. Mas pelo mesmo preço você geralmente consegue muito mais em outro lugar. DH$ 1.800.

Oasis Beach Hotel ⓣ**04-399 4444,** ⓦ**www.jebelali-international.com.** O único hotel que não é cinco-estrelas na Marina (mas é um quatro-estrelas de luxo), este balneário alegre e despretensioso oferece as tarifas mais baratas da região e muita diversão praieira à moda antiga. Há uma grande praia (mas em geral lotada) com camelos enfeitados para passeios, jardins maravilhosos, uma enorme piscina e área de jogos familiares. As atividades incluem esportes aquáticos, academia, um centro de bem-estar e uma boa variedade de restaurantes e bares. Os quartos são médios, mas muito confortáveis. DH$ 500.

One&Only Royal Mirage ⓣ**04-399 9999,** ⓦ**www.oneandonlyresorts.com.** O melhor hotel de temática árabe da cidade (só o Al Qasr – veja pág. 178 – se aproxima), este resort de sonho é a perfeita fantasia das *1001 Noites* realizada, com uma esplêndida seqüência de prédios em estilo marroquino espalhados por um terreno enorme cheio de palmeiras. O lugar é espetacular à noite, quando a série de pátios, saguões e corredores com esculturas – e milhares de palmeiras – é iluminada. O lugar na verdade contém três hotéis: o Palace, o Arabian Court e o Residence & Spa, cada qual um pouco mais suntuoso (e caro) que o outro. Os quartos são interessantes, com decoração árabe, reproduções de móveis antigos e tapetes coloridos, enquanto as comodidades incluem uma praia particular de 1 km, quatro piscinas, o delicioso Givenchy Spa e Oriental Hammam e alguns dos melhores restaurantes e bares da cidade (págs. 134-7). O Palace custa DH$ 2.630, o Arabian Court DH$ 2.890 e o Residence & Spa DH$ 4.380.

Ritz-Carlton ⓣ**04-399 4000,** ⓦ**www.ritzcarlton.com.** Instalado em um prédio baixo e ocre, no estilo toscano, este elegante estabelecimento é um dos mais classudos (e caros) da cidade, e uma variação revigorante dos arranha-céus que o rodeiam, preservando uma elegância e tranqüilidade do Velho Mundo em meio à agitação da Marina. Os quartos são espaçosos, com um estilo de decoração europeu ligeiramente cafona, enquanto as áreas comuns exibem todo o encanto de uma antiga casa de campo, especialmente no suntuoso lobby e no restaurante La Baie (pág. 34). Também há uma grande e tranqüila extensão de praia e jardins privativos, enquanto as crianças são surpreendentemente bem-cuidadas, com um grande clube infantil, área de jogos coberta no exterior e piscina exclusiva. Outras comodidades incluem quadras de tênis e squash, um pequeno campo de golfe, um spa atraente e uma das melhores academias de ginástica da cidade. DH$ 1.250.

Le Royal Meridien **ⓣ04-399 5555, ⓦwww.leroyalmeridien-dubai.com.** Um grande, vistoso e ligeiramente pretensioso cinco-estrelas – bastante confortável, mas sem o estilo ou charme de alguns outros na mesma praia. São 500 quartos luxuosos mas nada inspirados, divididos entre três partes do hotel – todas sem graça. As comodidades são boas, porém, com amplos jardins e praia, duas piscinas maiores que a média, o luxuoso Caracalla Spa, de temática romana, uma boa academia, quadras de tênis e squash, clube infantil e uma boa seleção de restaurantes. DH$ 2.000.

Sheraton Jumeirah Beach **ⓣ04-399 5533, ⓦwww.sheraton.com/jumeirahbeach.** Na extremidade sul da Marina, este é o mais discreto cinco-estrelas da área – e geralmente um pouco mais barato que a concorrência. Os quartos são passáveis, mas nada excitantes, e a verdadeira atração do hotel são sua atmosfera descontraída e familiar, seus extensos jardins cobertos de palmeiras e a praia. A grande piscina principal tem bar aquático e muitas espreguiçadeiras convidativas, enquanto as crianças têm sua própria piscina, playground sombreado e o clube Pirates. Também há uma série de esportes aquáticos suaves, além de quadras de squash, academia, centro de bem-estar e três restaurantes. DH$ 760.

Arredores de Dubai

Os hotéis citados ao lado são mostrados no mapa Arredores de Dubai, na contracapa.

Se você quiser sair completamente de Dubai, pode considerar hospedar-se em um dos luxuosos resorts no interior desértico do emirado.

Bab Al Shams Desert Resort and Spa **ⓣ04-832 6699, ⓦwww.jumeirahbabalshams.com.** Escondido no deserto, a quase uma hora de carro do aeroporto, este maravilhoso resort ocupa uma réplica de forte árabe com uma atmosfera incrível e oferece uma mudança de ritmo e de estilo em relação aos cinco-estrelas da cidade, com programas como passeios de camelo ou cavalo pelo deserto ou exibições de falconaria. Os quartos são decorados no estilo tradicional do Golfo, com paredes rústicas ocre e tecidos no estilo beduíno, e as comodidades incluem uma magnífica piscina salpicada de pavilhões e uma rara "sala de chuva" onde você pode mergulhar numa cachoeira com temperatura controlada. Também há uma boa seleção de restaurantes, entre eles o Al Hadheerah, o primeiro restaurante tradicional árabe ao ar livre no deserto de Dubai, com as inevitáveis dançarinas do ventre e banda ao vivo. DH$ 1.560.

Al Maha Desert Resort and Spa **ⓣ04-303 4222, ⓦwww.al-maha.com.** A cerca de 60km de Dubai, na estrada para Al Ain, no deserto intocado, este resort muito exclusivo é projetado como um acampamento beduíno (mas não do tipo que um verdadeiro beduíno pudesse identificar), com grandes vistas das dunas ao redor e das montanhas Hajar. O complexo fica em uma área de preservação ambiental de 225 km^2, e há muita vida natural do deserto, como gazelas e raros antílopes órix, que às vezes percorrem o terreno. A acomodação é feita em suítes-tendas temáticas com móveis e utensílios feitos a mão, e cada uma tem sua piscina privativa. As atividades incluem falconaria, passeios de camelo, cavalgadas, arco, passeios de 4x4 pelo deserto e caminhadas guiadas, ou apenas relaxar no tranqüilo spa do hotel. A partir de DH$ 3.300.

Dicas de viagem

Chegada

O grande e ultramoderno aeroporto internacional de Dubai fica em Garhoud, no limite sul do centro urbano, e oferece uma apresentação glamourosa e luxuosa do emirado, mas pode ficar superlotado nos horários de pico. Os principais hotéis cinco-estrelas têm agências no aeroporto e também há muitas empresas de locação de carros, além de um quiosque de informações turísticas. Aqui, as taxas para troca de dinheiro são ruins; é melhor pegar alguns dirhams nas máquinas junto à saída.

Todo o transporte para a cidade sai da frente do prédio do terminal. Muitos hotéis (incluindo alguns econômicos) oferecem traslado grátis do aeroporto incluído nas diárias; verifique quando fizer a reserva. Embora geralmente agitado, o transporte é bem organizado e bem sinalizado, e não há assédio aos turistas. A maneira mais fácil de chegar à cidade é pegar um táxi, sempre com ampla oferta. Os táxis que apanham passageiros aqui cobram uma bandeirada básica de DH$ 20, um valor inexplicável, já que ela é de DH$ 3 em qualquer outro lugar da cidade, mas as tarifas são razoavelmente baratas: cerca de DH$ 30-40 até Deira e Bur Dubai, DH$ 40-50 até a Sheikh Zayed Road, DH$ 60 até a área do Burj Al Arab e DH$ 70 até Dubai Marina.

Uma alternativa mais barata, porém mais demorada, é pegar um ônibus, mas eles só valem a pena se você se hospedar em Deira ou Bur Dubai. Há dois ônibus do aeroporto, que funcionam 24h. O ônibus nº 401 vai pela Baniyas Road até a estação rodoviária Al Sabkha, no centro de Deira, perto do Gold Souk. O ônibus nº 402 vai até a estação rodoviária de Al Ghubaiba, no centro de Bur Dubai. Outros ônibus locais vão à estação rodoviária do Gold Souk em Deira (nºs 4, 11A, 11C, 11M, 48 e 64) e à estação rodoviária Al Ghubaiba (nºs 33 e 44). A tarifa em todos eles é de DH$ 3. Dada a quantidade de ônibus locais que servem o aeroporto, você não deve esperar mais que 15 minutos para pegar um entre 6h e 22h, mas depois das 22h o serviço de ônibus do aeroporto é mais intermitente.

Informações

O Departamento de Turismo e Marketing Comercial de Dubai tem quiosques de informações muito úteis em diversos locais da cidade (abertos sáb-qui 10h-22h e sex 14h-22h, exceto o do aeroporto, que abre diariam 24h; ⓣ04-223 0000).

O maior e mais bem equipado fica no pequeno edifício no meio da Baniyas Square, em Deira. Outros são encontrados no aeroporto, no Bur Juman Centre, Deira City Centre, Wafi City, Mercato e Ibn Battuta Mall. Os funcionários têm alguns folhetos úteis para distribuir e fazem o possível para responder a todas as dúvidas que você tiver. O site ⓦ**www.dubaitourism.ae** também é uma fonte de informações úteis.

A revista *What's On* (mensal, DH$ 10) é uma boa fonte para saber da programação local, mas os roteiros não são muito detalhados. Verifique as publicações semanais da cidade para informações atualizadas sobre a vida noturna, em constante mudança, incluindo novos clubes, noites especiais e promoções, assim como promoções em bares e restaurantes e inaugurações.

Transporte urbano

Aguardando a inauguração do muito necessário metrô de Dubai (veja quadro ao lado), a única maneira de circular por Dubai é de táxi. Estes estão em quase todo lugar da cidade e a qualquer hora do dia e da noite, mas às vezes você pode ter problemas para encontrar um táxi livre em Bur Dubai e em Deira na hora do almoço e durante a hora do *rush* à noite. Os grandes hotéis e shoppings sempre são bons lugares para achar um táxi. Ou então apenas fique parado na rua e acene para qualquer coisa que passar. Os táxis são operados por várias companhias e usam cores diversas – branco, bege e prata são as mais comuns –, mas todos têm sinais de táxi amarelos sobre a capota, iluminados quando os carros estão disponíveis. Você também pode pedir um táxi por telefone, por uma pequena tarifa extra. Experimente ☎04-208 8080 (Dubai Transport Corporation), ☎04-269 3344 (Cars Taxi) ou ☎04-339 0002 (National Taxi).

As tarifas têm preços razoáveis. Há uma bandeirada básica de DH$ 3, mais cerca de DH$ 1,2 por quilômetro (chegando a DH$ 3,5 mais DH$ 1,7/km entre 22h e 6h), exceto nos táxis do aeroporto (DH$ 20 a bandeirada mais DH$ 1/km). Na prática, funciona da seguinte maneira: de Bur Dubai, no centro da cidade, até a Sheikh Zayed Road são aproximadamente DH$ 15-25, até o Burj Al Arab DH$ 40 e até a Dubai Marina DH$ 50, ou cerca de DH$ 10 a mais para esses lugares se você vier de Deira. A boa notícia é que, como só se paga por quilômetro percorrido, se você ficar preso num dos congestionamentos crônicos de Dubai a viagem não vai custar mais do que com trânsito leve. Se você quiser que o táxi o espere, custará cerca de DH$ 15 por 30 min, desde que o motorista esteja disposto a esperar.

Os motoristas de táxi (cuja vasta maioria é indiana) são razoavelmente bem treinados e conhecem os pontos principais da cidade, mas se você for a algum lugar mais obscuro talvez precise ajudá-los a se orientar; em caso de dúvida, é melhor ter indicações ou o endereço completo. Às vezes surgem denúncias de motoristas que incham as tarifas dando voltas com os turistas recém-chegados cinco vezes no mesmo quarteirão, mas parece que não têm fundamento. Todo o setor está estritamente regulamentado e os motoristas não iriam arriscar seus empregos por alguns dirhams a mais. Mas cuidado, porque o sistema de trânsito labiríntico de Dubai muitas vezes aumenta consideravelmente a distância entre dois pontos. Se você entrar em um táxi e o motorista rumar na direção totalmente oposta à desejada, é provável que teve de fazer isso para virar ou encontrar a entrada certa para uma determinada rua. Se você achar que teve um verdadeiro problema e quiser dar queixa, pode ligar para o número indicado em todos os táxis. Não esqueça de anotar o número de identificação do motorista e explique seu problema a ele antes de descer. Não é necessário dar gorjetas, mas muitos motoristas adquiriram o hábito um pouco incômodo de guardar as moedas do troco. Por exemplo, se você pagar uma corrida de DH$ 13 com DH$ 15, o motorista vai querer embolsar a diferença, a menos que você deixe claro que a quer.

Os motoristas às vezes podem se recusar a levá-lo por um trajeto curto. Isso é mais freqüente diante dos hotéis e shopping centers, onde os taxistas têm de fazer uma longa fila para apanhar passageiros. Eles são obrigados a aceitar sua corrida, mas, na prática, se eles esperaram uma hora e você só quer dar a volta no quarteirão, a posição deles é compreensível. Se isso acontecer, percorra a fila de táxis até encontrar um disposto a levá-lo aonde você quer. A única outra ocasião em que um motorista poderá recusar sua corrida é se houver probabilidade de ficar preso em um

Metrô de Dubai

Programado para inauguração em 2009, o metrô de Dubai será uma maneira barata e conveniente de se locomover por toda a cidade, e deverá pelo menos melhorar um pouco os terríveis congestionamentos de trânsito. O metrô terá inicialmente duas linhas, servidas por quase 90 estações (planos de mais duas linhas já foram divulgados). A primeira linha, a "Vermelha", irá do aeroporto até o centro da cidade e descerá a costa até Dubai Marina e Jebel Ali. A segunda, a "Verde", fará uma volta pelo centro até Bur Dubai e então descerá por Deira até o aeroporto. O metrô está sendo construído por um consórcio japonês liderado pela Mitsubishi e usará trens com tecnologia de ponta, sem condutores, operando uma mistura de linhas subterrâneas e de superfície.

grande congestionamento (como atravessar o Creek durante o horário de *rush* de manhã ou à noite). Você pode entender o ponto de vista do motorista, mas tem todo o direito de anotar o número dele e ameaçar denunciá-lo – ou então oferecer uma boa gorjeta para compensar o tempo perdido.

Há algumas outras coisas em que você deve prestar atenção. Alguns táxis sem taxímetro (geralmente dos emirados vizinhos) ou carros sem placas aparecem nas ruas assediando clientes. Se você usar um desses, terá de combinar a tarifa antes de embarcar, e é improvável que seja vantajosa para você, a menos que barganhe muito – é melhor evitar esses táxis, a não ser que esteja desesperado. Piores ainda são as limusines dos hotéis, que às vezes tentam se passar por táxis convencionais (os porteiros dos hotéis podem tentar convencê-lo a entrar num desses carros, dizendo que são táxis comuns, o que obviamente não são). Esses veículos têm taxímetro, mas na maioria das vezes cobram o dobro do preço do táxi comum, e é melhor evitá-los se você não estiver muito apressado ou precisar viajar em um carro com estofamento de couro e um cheiro forte de desodorante de ambientes. Lembre-se de que se não tiver o sinal amarelo de táxi na capota não é um táxi regular.

Ônibus

A cidade tem um sistema de serviço de ônibus bem planejado e eficiente, mas ele é feito especialmente para as necessidades dos imigrantes indianos e outros trabalhadores de baixa renda, e não para turistas, por isso tem utili-dade limitada para os visitantes. A maioria das linhas começa ou termina na estação rodoviária do Gold Souk, em Deira, ou na estação de Al Ghubaiba, no centro de Bur Dubai (e muitas linhas servem as duas). Os escritórios de informação nas duas estações podem lhe dar um mapa grátis da rede. As únicas linhas claramente úteis são a 8 e a 8A, que vão da estação Gold Souk à Al Ghubaiba e depois rumam para o sul, descendo a Jumeirah Road até o Burj Al Arab e seguem para Dubai Marina. Mas leva quase uma hora para alcançar a Marina, e os ônibus podem ficar muito quentes no verão. As duas linhas operam a cada 20 min aproximadamente, desde o início da manhã até a noite (exceto sex de manhã, quando os ônibus passam a cada 30 min e as filas podem ficar bastante longas). As passagens são compradas do motorista do ônibus e custam DH$ 3. Em geral, porém, é mais sensato abrir a mão e pegar um táxi.

Excursões, passeios e safáris no deserto

As operadoras turísticas de Dubai são todas semelhantes e oferecem pacotes idênticos de excursões e atividades (mas os preços podem variar bastante, dependendo do *status* chique ou mediano da firma, por isso é melhor pesquisar). As excursões mais populares incluem *city tours* de Dubai e passeios de *dhow* (pág. 189), além de excursões de um dia a Sharjah, Al Ain, Abu Dhabi e à costa leste. Também são oferecidos vários tipos de passeio de aventura, incluindo safáris pelo deserto de meio dia, dia inteiro ou com pernoite, esqui na areia, passeios de buggy nas dunas, corridas pelas dunas e *wadi*, e excursões de camelo. Algumas operadoras também oferecem vários esportes aquáticos, além de mergulho e observação com snorkel, pesca em alto-mar e pesca de caranguejos. É mais fácil reservar por telefone, pois a maioria das empresas não tem escritórios em localização conveniente (só listamos os endereços das que têm).

Safáris no deserto

Uma coisa que todo visitante de Dubai faz em algum momento é um safári no deserto. Evidentemente, a principal atração desses passeios é a oportunidade de ver a magnífica paisagem desértica ao redor de Dubai e, embora quase todas as excursões dêem ênfase às emoções baratas e às brincadeiras com os turistas, em vez da tranqüila contemplação do espaço poderoso, a maioria das pessoas acha a experiência agradável.

Safáris ao pôr-do-sol

A grande maioria dos visitantes prefere um dos muito populares safáris de meio dia (também conhecidos como safáris ao pôr-do-sol). Estes são oferecidos por todas as operadoras turísticas da cidade (veja lista na página ao lado), muitas vezes por preços surpreendentemente baixos – de DH$ 160 a DH$ 190. Mas todas vão lhe oferecer mais ou menos a mesma coisa. A única preocupação real é com o modo de dirigir realmente perigoso até as dunas, especialmente com as operadoras mais baratas, pois os motoristas disputam corrida pela estrada, geralmente trafegando muito acima do limite de velocidade e muitas vezes dirigindo com um dedo enquanto conversam pelo celular.

Os passeios são feitos em grandes 4x4 que geralmente levam até oito passageiros. Você será apanhado no hotel entre 15h e 16h e, depois de circular para apanhar todos os outros passageiros (em geral uma coisa aborrecida e demorada, principalmente se você tiver a má sorte de ser o primeiro a embarcar) será levado até o deserto. O destino mais comum é a área a 45 min da cidade na estrada para Al Ain, em frente à enorme duna conhecida como Big Red (Grande Vermelha). Essa montanha de areia é uma visão e tanto, apesar de ter o clima de um posto de gasolina de estrada (mais barulhento), graças às filas enormes de entusiastas de 4x4 *off-road* e de *quad-bikes* (quadriciclos) que sobem e descem as dunas.

Depois de uma breve parada, durante a qual os pneus do veículo são parcialmente desinflados em preparação para o percurso *off-road*, você é levado às dunas do outro lado da estrada por cerca de uma hora para desfrutar o tradicional passatempo emirense de correr pelas dunas. Isso significa dirigir em alta velocidade subindo e descendo dunas íngremes em meio a grandes jatos de areia enquanto seu veículo derrapa, sacoleja e às vezes decola completamente – tudo muito divertido e provavelmente um pouco menos assustador que um

Operadoras turísticas

Além das operadoras principais citadas abaixo, vale a pena conferir a Mountain Extreme (Ⓣ07-227 1735, Ⓦwww.mountain-extreme.com), uma empresa de ecoturismo inovadora que oferece raras excursões de um ou dois dias a pé ao norte dos EAU, partindo de Dubai.

Arabian Adventures Escritório central nas Emirates Towers, mais balcões no Jumeirah Beach Hotel, One&Only Royal Mirage, Oasis Beach Hotel, Hilton Jumeirah Beach, Grand Hyatt, Mina A'Salam e Al Qasr. Ⓣ04-303 4888, Ⓦwww.arabian-adventures.com. Uma filial da Emirates Airlines, esta é a maior operadora turística da cidade, com altos padrões profissionais e um grande leque de excursões interessantes por todo o emirado. Mais cara que as concorrentes, mas você poderá achar que o dinheiro foi bem gasto.

Desert Road Tours Ⓣ04-295 9429, Ⓦwww.desertroadtours.com. Variedade básica de excursões, incluindo todas as atividades no deserto, como esqui na areia, passeios de buggy nas dunas e corridas nos *wadi*.

Hormuz Tourism Ⓣ04-228 0668, Ⓦwww.hormuztourism.com. Uma das operadoras mais baratas de Dubai (mas a condução pode ser terrível), faz um grande número de excursões, entre elas muitas atividades no deserto e diversões aquáticas, como mergulho, pesca de caranguejos e pesca em alto-mar.

Maly Tours Ⓣ04-223 6881, Ⓦwww.malytours.com. Seleção-padrão de safáris no deserto e outras excursões pelos menores preços da cidade.

Net Tours Hyatt Regency, Deira. Ⓣ04-266 6655, Ⓦwww.nettoursdubai.com. Leque-padrão de excursões por preços um pouco acima da média.

Orient Tours Ⓣ04-282 8238, Ⓦwww.orienttours.co.ae. Uma das maiores operadoras, oferece opções mais variadas de passeios e viagens pelo deserto, assim como itinerários mais longos nos EAU e em Omã.

Right Tourism Ⓣ04-397 6625, Ⓦwww.righttourism.com. Boa para esportes aquáticos, mais todos os habituais safáris no deserto.

Sunflower Tours Ⓣ04-334 4566, Ⓦwww.sunflowerdubai.com. Boa variedade de excursões, incluindo todas as atividades de resorts, mais ofertas diferentes como pesca em alto-mar, pesca de caranguejos e corridas de cavalos.

City tours

The Big Bus Company Ⓣ04-324 4187, Ⓦwww.bigbustours.com. Que melhor maneira de conhecer Dubai do que do alto de um ônibus de dois andares londrino? Os veículos vistosos desta firma percorrem duas rotas, uma pelo centro da cidade e outra que vai até Dubai Marina. Os ônibus saem a cada 30 min de 9h a 19h30 diariam. As passagens custam DH$ 150 (crianças de 5-15 anos, DH$ 100) e permitem que você faça qualquer uma das rotas, subindo e descendo em qualquer das 23 paradas, além de oferecer vários brindes, como entrada grátis em alguns museus e uma opção de passeio de *dhow* ou a pé.

Wonder Bus Tours BurJuman Centre Ⓣ04-359 5656, Ⓦwww.wonderbusdubai.com. O estranho Wonder Bus – meio ônibus, meio barco – oferece city tours de Dubai com uma diferença. Partindo do Bur Juman Centre, você será levado à Ponte Garhoud, onde o ônibus-barco entra na água e navega pelo Creek até Shindagha. Então volta à terra e retorna ao BurJuman Centre. As viagens duram cerca de 1h30 (incluindo 1h no Creek) e custam DH$ 115, ou DH$ 75 para crianças de 3-12 anos. Há quatro ou mais viagens por dia, dependendo da maré (reserve com um dia de antecedência para garantir lugar e verifique os últimos horários).

percurso normal de táxi pela Sheikh Zayed Road (ou mesmo na rodovia em direção às dunas). Emoções à parte, as dunas são magníficas ao pôr-do-sol e, apesar de ser difícil enxergar muito quando você está sacolejando dentro do carro seu motorista provavelmente vai parar perto do topo das dunas para que você possa descer do carro, apreciar o panorama e tirar fotos (mas o rugido das dezenas de veículos que passam e a fumaça dos escapamentos o farão sentir-se mais como Michael Schumacher do que como Lawrence da Arábia). Você também poderá ter a oportunidade de experimentar um pouco de esqui na areia. Algumas operadoras o levam de volta à estrada principal, onde você pode passear pelas dunas de *quadbike* – ou "dune buggy", como são conhecidas aqui –, geralmente por uma taxa adicional.

Ao cair a noite, você será levado para o extenso acampamento no deserto, mais 20 min de percurso na direção de Dubai, cujas instalações são compartilhadas por todas as agências de turismo. Escondido nas dunas, o acampamento tem uma série de atividades, todas incluídas no preço do passeio: voltas de camelo (muito rápidas), pintura com hena, vestir-se com trajes típicos do Golfo e tirar uma foto com um belo falcão empoleirado no seu braço – ou você pode cair de boca na *shisha* (de baixo teor). Também há um bar razoavelmente abastecido e de preços moderados se você quiser tomar um drinque.

Depois de aproximadamente uma hora, é servido um bufê internacional passável, depois do qual uma dançarina do ventre se apresenta por mais meia hora, puxando para o palco os membros da platéia que parecem mais animados (escolha cuidadosamente seu lugar). Tudo é bem divertido, mas há a mesma probabilidade de que a dançarina seja de Moscou ou de Mascate, e a pista tende a ficar rapidamente cheia de alegres executivos indianos se exibindo, por isso não é muito autêntico. Tudo termina às 21h30, e então você será levado (em velocidade de quebrar o pescoço) de volta a Dubai.

Outros safáris

Se você quiser sentir melhor o deserto, algumas operadoras turísticas oferecem a oportunidade de prolongar o safári ao pôr-do-sol para um pernoite, dormindo em tendas, antes de voltar a Dubai depois do café-da-manhã no dia seguinte. É claro que isso lhe dá uma chance muito maior de sentir a imensidão e a solidão da paisagem do que durante a dança do ventre comunitária.

Algumas empresas também oferecem safáris de dia inteiro. Estes geralmente incluem uma mistura de passeio geral com atividades como corridas nas dunas, passeio de camelo, esqui na areia e passeio de buggy nas dunas, provavelmente com uma visita a uma fazenda de camelos, antes de voltar a Dubai ao anoitecer. Essas excursões também são a melhor maneira de experimentar o popular passatempo das corridas nos *wadi*, pelos leitos secos de rios cheios de pedras que marcam o lado leste dos EAU ao redor das montanhas Hajar – a maior aventura *off-road* emirense. Algumas operadoras também oferecem excursões mais voltadas para uma das atividades, concentrando-se em coisas como esqui na areia, passeio de camelo ou de buggy nas dunas e falconaria.

Passeios de barco

Uma boa maneira de ver o Creek – e uma alternativa mais confortável do que alugar um *abra* (pág. 51) – é embarcar nos concorridos passeios com jantar oferecidos por uma série de empresas (veja a seguir) dos dois lados do Creek, a maioria usando antigos *dhows* tradicionais de madeira. Os passeios com jantar geralmente saem por cerca de DH$ 180 por 2 horas (um pouco mais se for agendado por uma operadora de turismo), incluindo um jantar de bufê (a comida em geral é competente, mas não excelente) e diversão a bordo; os barcos normalmente saem por volta de 20h-20h30. Algumas empresas citadas ao lado também oferecem passeios mais baratos com almoço, para ver o pôr-do-sol ou só o passeio.

Lado de Bur Dubai

Bateaux Dubai No Creek, ao lado da Embaixada do Reino Unido, Al Seef Rd, Bur Dubai. ⓣ04-399 4994, ⓦwww.bateauxdubai.com. Passeios de almoço, pôr-do-sol e jantar (com refeição à la carte de quatro pratos e entretenimento ao vivo) em um barco moderno incrivelmente longo e fino – parece um pouco com uma estufa flutuante.

Danat Dubai Cruises No Creek, ao lado da Embaixada do Reino Unido, Al Seef Rd, Bur Dubai. ⓣ04-351 1117, ⓦwww.danatdubaicruises.com. Oferece um leque de passeios em barcos modernos e tradicionais, incluindo o passeio na hora do pôr-do-sol e o com jantar, somente no Creek ou saindo para o Golfo.

Lado de Deira

Al Mansour Dhow Radisson SAS Hotel Dubai Deira Creek Hotel. ⓣ04-222 2808. O mais chique *dhow* tradicional do Creek, oferece passeios com jantar todas as noites.

Rikks Cruises No Creek, perto da Dubai Chamber of Commerce, Deira. ⓣ04-222 2808, ⓦwww.rikks.net. Passeios-padrão com jantar pelo Creek com refeição de bufê, dançarina do ventre e DJ ao vivo.

Tour Dubai (Creekside Leisure) No Creek, a oeste do Radisson SAS Hotel Dubai Deira Creek. ⓣ04-336 8407, ⓦwww.tour-dubai.com. Passeios baratos de uma hora pelo Creek em um pequeno *dhow* de madeira (quatro partidas diárias de 11h30 a 17h30; DH$ 35), além dos passeios com jantar.

Dubai para crianças

Há muitas opções para distrair as crianças em Dubai, incluindo a praia, o Wild Wadi, corridas de camelos, passeios de *abra* no Creek e lojas de brinquedos, para citar só algumas das atrações. Além disso, alguns hotéis de praia têm programas animados de atividades infantis e clubes infantis especiais, enquanto todos os grandes shoppings da cidade possuem grandes áreas de diversão para crianças, oferecendo desde brinquedotecas calmas até os últimos jogos eletrônicos. Artistas também fazem apresentações grátis nos shoppings durante o Festival de Compras em Dubai e especialmente no Dubai Summer Surprises (pág. 190).

Também há algumas atrações exclusivas para crianças que valem a pena. Na extremidade sul do Creekside Park, em Oud Metha (pág. 79), ficam os coloridos prédios azuis e vermelhos – que imitam tijolos de armar infantis – da Children's City (sáb-qui 9h-20h30, sex 15h-20h30; adultos DH$ 15, crianças 3-15 anos DH$ 10, menores de 2 anos, grátis; ingresso familiar, 2 adultos e 2 crianças, DH$ 40; você também tem de pagar a taxa de entrada no parque de DH$ 5). A "cidade" se destina a crianças de 2 a 15 anos, com um sutil viés educativo. Uma série de galerias com exposições interativas e muitas telas *touch-screen* cobrem temas que incluem corpo humano, ciência, física, água, cultura internacional, exploração espacial, computadores e natureza. Também há um espaço para jogos, enquanto crianças de 2 a 5 podem brincar na areia e na água na área para bebês.

Diversão menos didática está disponível na Wonderland (diariam 10h-22h; adultos DH$ 15, crianças 4-12 anos DH$ 10, ⓣ04-324 1222), imediatamente ao sul do Creekside Park. Este parque temático bastante antiquado tem várias diversões (na maioria DH$ 5-10 cada) e outras atrações que incluem montanha-russa, navio pirata, trens do Velho Oeste, área de jogos, carros de trombada, casa dos horrores e o modesto parque aquático Splashland. O lugar fica mais vazio durante a semana – o que pode ou não ser uma vantagem.

Festivais

Dubai Shopping Festival

Ⓦ www.mydsf.com. Só Dubai poderia sonhar com um festival dedicado às compras – e só em Dubai, acreditamos, ele poderia ter se tornado tão popular. É realizado anualmente em janeiro e fevereiro (ver as datas exatas no website), e nesse período todas as lojas da cidade oferecem liquidações e pechinchas, com descontos de até 75%, enquanto os grandes shoppings organizam muita diversão e eventos para crianças, para mantê-las ocupadas enquanto seus pais gastam. Para muitas pessoas é uma visão do inferno, mas os consumistas estarão no paraíso. Lembre-se de que a grande popularidade do festival faz com que os hotéis fiquem lotados com muita antecedência e as tarifas disparem.

Dubai Summer Surprises

Ⓦ www.mydsf.com. Uma tentativa de atrair os consumidores durante os meses escaldantes de verão, de junho a agosto, o Dubai Summer Surprises (DSS) é um evento baseado principalmente nos shopping centers – na verdade, mais uma promoção de marketing do que um verdadeiro festival –, com uma seleção decente de pechinchas e muitos entretenimentos para as crianças, presididos pela irritante figura de desenho animado conhecida como Modhesh, cujas feições amarelas enrugadas você logo aprenderá a odiar. Mas é ótimo se você estiver com crianças.

Ramadã

Programado para acontecer aproximadamente de 1º-29 set de 2008, 21 ago-19 set de 2009 e 11 ago-8 set de 2010, mas as datas precisas variam de acordo com a posição astronômica da lua. O mês sagrado islâmico de Ramadã é observado com grande atenção e cerimônia em Dubai, e é a única época do ano em que você realmente tem a sensação de estar em uma cidade essencialmente islâmica. Para os muçulmanos, Ramadã representa um período para purificar o corpo e a alma e reafirmar sua relação com Deus. Os muçulmanos têm de jejuar do amanhecer até o anoitecer, e como turista você deve observar essas restrições, mas pode comer e beber na privacidade de seu quarto de hotel ou em qualquer das áreas de refeição cercadas de treliças que são montadas em todos os hotéis da cidade (bebidas alcoólicas também são servidas discretamente em alguns lugares depois que anoitece, mas não durante o dia). Comer, beber, fumar ou mastigar chiclete em público, porém, é definitivamente errado e causará uma ofensa considerável aos muçulmanos; cantar, dançar e xingar em público também provoca reações negativas. Além disso, a música ao vivo é completamente proibida durante o mês sagrado (mas música gravada é permitida), enquanto todas as boates da cidade fecham durante o período e muitas lojas reduzem seus horários de funcionamento.

O jejum termina ao anoitecer, e então a cidade letárgica desperta para a vida em uma celebração de comida, bebida e convívio social conhecida como *Iftar* ("O fim do jejum"). Muitos hotéis da cidade montam maravilhosas "tendas de Iftar" com elegantes bufês árabes, e a cidade fica animada até a madrugada, quando todos vão dormir preparando-se para mais um dia de abstinência. O ambiente é especialmente exuberante, e as tendas de Iftar são muito requintadas durante o Eid Al Fitr, dia que marca o fim de Ramadã, quando toda a cidade irrompe em uma explosão de celebrações.

Principais eventos esportivos

Dubai Desert Challenge
Ⓦ www.uaedesertchallenge.com. Carros, caminhonetes e motos correm pelo deserto em um dos principais eventos de esportes motorizados do Oriente Médio (e penúltima etapa da Copa do Mundo de Rally Cross Country da FIA). Realizada anualmente em outubro-novembro em diversos locais perto de Dubai e dos EAU – veja mais detalhes no website.

Dubai Desert Classic
Emirates Golf Club Ⓦ www.dubaidesertclassic.com. Criado em 1993, o Dubai Desert Classic se estabeleceu como um evento importante (e muito lucrativo) do PGA European Tour – os últimos vencedores formam virtualmente um "quem é quem" dos principais jogadores de golfe, como Emie Els, Tiger Woods, Colin Montgomerie e Seve Ballesteros. O torneio é realizado anualmente em fevereiro-março no Emirates Golf Club perto de Dubai Marina. Os ingressos custam aproximadamente DH$ 150 por dia.

Dubai Duty Free Tennis Open
Dubai Tennis Stadium, Garhoud Ⓦ www.dubaitennischampionships.com. Realizado no fim de fevereiro-início de março, este torneio de tênis de duas semanas inclui torneios individuais masculinos e femininos (respectivamente parte dos calendários dos torneios ATP e WTA). Entre os vencedores recentes estão Rafael Nadal, Justine Henin, Lindsay Davenport, Amélie Mauresmo e Roger Federer (que, sempre ambicioso, já ganhou o título quatro vezes). Os ingressos podem custar apenas DH$ 30 por dia.

Dubai World Cup
Nad Al Sheba Horse Racing Stadium Ⓦ www.dubaiworldcup.com. A corrida de cavalos mais rica do mundo, realizada anualmente em março, e o auge do calendário anual de turfe da cidade, com prêmios de US$ 6 milhões em dinheiro.

Dubai Rugby Sevens
Dubai Exiles Club Ⓦ www.dubairugby7s.com. Este torneio anual da World Sevens Series tem adquirido perfil cada vez mais internacional, apresentando sete grandes times de todo o mundo, e várias boas equipes amadoras; os vencedores recentes incluem as equipes nacionais da Inglaterra, África do Sul e Nova Zelândia. Também oferece a desculpa para algumas das mais animadas festas da cidade. Realizado anualmente no fim de novembro-início de dezembro.

Endereços

Aluguel de carros As principais locadoras de carros internacionais estão representadas em Dubai e todas têm escritórios no aeroporto. Alternativamente, algumas operadoras turísticas listadas na pág. 187 também oferecem carros de aluguel – a Arabian Adventures, por exemplo, tem uma grande frota de veículos, desde pequenos Toyotas (DH$ 135/dia) a Land Cruisers (DH$ 650/dia). Os motoristas devem ter 21 anos (25 para veículos maiores) e possuir carteira de motorista internacional; muitas empresas também exigem duas fotos de passaporte.

Mergulho Há excelentes pontos de mergulho ao redor dos EAU, mas os melhores são na costa leste, e não em Dubai. Para uma lista de locais de mergulho e operadoras locais e mais informações sobre mergulho nos EAU, visite Ⓦ www.emiratesdiving.com ou apanhe um exemplar do detalhado guia *UAE Underwater Explorer*, encontrado em livrarias de toda a cidade. Uma das melhores operadoras de mergulho é a Al Boom Marine (T 04-342 2993, W www.alboomdiving.com), de iniciante em diante, assim como excursões de um dia para mergulho e snorkel em todos os EAU. Excursões de mergulho e cursos PADI também podem ser arranjados em vários hotéis de praia, incluindo Sheraton Jumeirah Beach, Le Meridien Mina Seyahi, Dubai Marine Beach Resort, One&Only Royal Mirage e Jumeirah Beach Hotel – sendo o último o melhor esquema, com escola própria de mergulho, o Pavilion Dive Centre (W www.jumeirah.com/diving).

Médicos e farmácias Todos os hotéis de quatro e cinco estrelas de Dubai (e também muitos dos mais baratos) têm médicos que falam inglês disponíveis 24h por dia. Também há farmácias confiáveis em quase todas as ruas da cidade, que podem lhe indicar os centros médicos mais próximos. Em uma emergência, pode-se chamar uma ambulância pelo T 999.

Embaixadas e consulados Embaixada do Brasil em Abu Dhabi, Madinat Zayed St 5, Villa NR3, Caixa Postal 3027, T 9712-632 0606; Setor de Promoção Comercial

Golfe em Dubai

O golfe é uma atividade muito importante em Dubai, e a cidade tem uma excelente seleção de campos de padrão internacional. Todos são abertos a visitantes, sujeitos na maioria deles a um limite de handicap de 28 para homens e 36 ou 45 para mulheres. As taxas variam de cerca de DH$ 400 nos dias de semana no verão até DH$ 600 ou mais nos fins de semana de inverno.

Al Badia Golf Course Festival City Garhoud. T 04-232 5778, W www.albadiagolf resort.com. Um belo campo no Creekside, na parte sul da cidade, mas com acesso limitado para não-sócios, por isso reserve com antecedência.

Desert Course Arabian Ranches, Dubailand. T 04-366 3000, W www.thedesert coursedubai.com. Parte do empreendimento Dubailand (pág. 97), este incrível novo campo (criado por Ian Baker-Finch e Nicklaus Design) consiste em um campo de grama do tipo links criado no meio do deserto natural.

Dubai Country Club Ras Al Khor, ao sul da cidade, perto do Nad Al Sheba Horse Racecourse. T 04-333 1155, W www.dubaicountryclub.com. Para algo completamente diferente, experimente o campo de golfe do Dubai Country Club (o mais antigo da cidade). Ele é feito totalmente de areia, com os chamados "browns" em vez de "greens". Os jogadores levam consigo um pequeno pedaço de grama artificial para fazer as tacadas nos fairways.

Dubai Creek Golf Club Garhoud. T 04-295 6000, W www.dubaigolf.com. Famoso por sua sede com telhado pontudo (pág. 78), este campo (recentemente redesenhado por Thomas Bjorn) tem um maravilhoso panorama do Creekside, e também há um campo iluminado de nove buracos par-3 para jogadores noturnos.

Emirates Golf Club Dubai Marina. T 04-380 2222, W www.dubaigolf.com. O mais antigo campo de grama para campeonatos no Golfo e provavelmente ainda o mais prestigioso, centrado ao redor de uma incrível sede em forma de tenda de beduíno. Atual palco do Dubai Desert Classic (pág. 191).

The Montgomerie Dubai Dubai Marina. T 04-390 5600, W www.themontgomerie. com. Campo do tipo links projetado pelo escocês homônimo, apresentando o maior "green" do mundo (jogável de uma área de tee de 360°), assim como muitas outras características incomuns e instalações de primeira linha.

Nad Al Sheba Club Nad Al Sheba Horse Racetrack. T 04-336 3666, W www.nadal shebaclub.com. Este campo de 18 buracos do tipo links, totalmente iluminado (aberto até 24h) dá mais ênfase à precisão que à extensão, com "greens" duplos e bancas profundas. Não há exigência de handicap para visitantes.

O fim de semana em Dubai

A semana de trabalho em Dubai é bastante confusa, já que o "fim de semana" islâmico ocorre tradicionalmente na tarde de quinta-feira e na sexta. As repartições públicas e algumas empresas funcionam de sábado a quarta-feira (ou meio-dia de quinta), enquanto a maioria das companhias privadas funciona de domingo a quinta-feira (mas há rumores de que todas vão adotar uma semana de trabalho unificada de domingo a quinta). Isso significa que a cidade goza de uma espécie de "fim de semana" estendido da hora do almoço de quinta até a noite de sábado. Sexta é o grande dia, quando a cidade se arruma e sai para jantar, com os restaurantes oferecendo extensos cardápios de *brunch*, o equivalente local do tradicional almoço de domingo, mas muito mais popular. A maioria das atrações e lojas está fechada nas manhãs de sexta-feira e os serviços de ônibus também ficam mais espaçados.

do Brasil (SECOM) em Dubai, Dubai World Trade Centre, 7º andar, salas 14-15, Caixa Postal 9204, ⓣ9714-329 0464.

Austrália, 25º andar, Burjuman Business Tower, Bur Dubai ⓣ04-5087 100; Consulado do Canadá, Bank Street Building, Suite 701, Bur Dubai ⓣ04-3145555; Consulado Geral da Nova Zelândia, Suite 1502, 15º andar, API Tower, Sheikh Zayed Road ⓣ04-331 7500; Consulado Geral da África do Sul, Khaleed bin al Waleed Street, 3º andar, New Sharaf Building, Bur Dubai ⓣ04-397 5222; Embaixada do Reino Unido, Al Seef Street, Bur Dubai, Caixa Postal 65 ⓣ04-309 4444, ⓦwww.britishembassy.gov.uk/uae; Consulado Geral dos Estados Unidos, World Trade Centre, Sheikh Zayed Rd ⓣ04-311 6000, ⓦhttp://dubai.usconsulate.gov.

O acesso à internet em Dubai é abrangente. No centro da cidade há lugares que oferecem acesso a e-mail barato e confiável em Bur Dubai (principalmente nas ruas menores ao redor da Al Fahidi Street), mas, curiosamente, em nenhum lugar em Deira. Fora do centro urbano, você terá de usar as instalações do seu hotel (geralmente caras). O governo dos EAU bloqueia um grande número de sites que não aprova – desde pornografia até sites muito populares como MySpace e YouTube.

Dinheiro, bancos e máquinas automáticas A moeda dos EAU é o dirham, subdividido em 100 fils. O dirham tem taxa de conversão fixa ao dólar americano, US$ 1 = DH$ 3,675; outras taxas de câmbio no momento desta edição eram £ 1 = DH$ 7,2, € 1 = DH$ 5. Há cédulas de 5, 10, 20, 50, 100, 200, 500 e 1.000 dirham; também há moedas de 2 e 1 dirham, 50 e 25 fils. As notas de 5, 50 e 500 dirham têm um tom semelhante de marrom, o que causa confusão; cuidado para não dar a nota errada, o que é fácil, por exemplo, quando se sai de um táxi escuro à noite. A corrida pode sair cara.

Há muitas máquinas automáticas de dinheiro (ATM) que aceitam cartões estrangeiros Visa e MasterCard. Todos os grandes shopping centers têm ATMs, assim como os grandes hotéis. Há bancos em toda parte, e todos têm ATMs. Os mais comuns são Mashreqbank, Commercial Bank of Dubai, National Bank of Dubai, National Bank of Abu Dhabi e Emirates Bank; os horários de funcionamento em geral são sáb-qua 8h-13h, qui 8h-12h. Todos trocam travellers cheques e moeda estrangeira, e também há muitas casas de câmbio em Bur Dubai (experimente na Al Fahidi Street e arredores) e em Dubai (Sikkait Al Khail Road, a caminho do Gold Souk).

Horários de funcionamento Os horários básicos de funcionamento da cidade são sáb-qui 8h-13h, 16h-19h (ou 9h-18h com intervalo para almoço); as repartições públicas geralmente abrem diariam de 10h-22h, mas as que ficam nos *souks* mais antigos da cidade muitas vezes fecham entre 13h e 16h, e alguns lugares não abrem nas sextas de manhã.

Telefones O código de país dos EAU é ⓣ971. O código de área de Dubai é ⓣ04; você deve discar o código 04

Telefones úteis

Auxílio à lista ☎181
Informações internacionais ☎150
Polícia e ambulância ☎999
Informações do aeroporto ☎04-224 5555
Departamento de Turismo ☎04-223 0000

mesmo para ligações dentro de Dubai. Para ligar para o exterior dos EAU, disque ☎00, seguido do código de seu país e o número (sem o 0 inicial). Para ligar do exterior para os EAU, disque seu código de acesso internacional, depois ☎9714, seguido do número local (menos o código de área ☎04, código da cidade). Os números de celulares locais Etisalat sempre começam com ☎050 seguidos de um número de sete dígitos. Você também precisa discar o código de área local para fazer a ligação. Se você tiver um número que não funciona, experimente discar 11 com ☎04 e ☎050 – os celulares são tão comuns hoje que muitas pessoas não explicam se o número é de linha fixa ou celular.

Correios As agências de correios mais convenientes são o Al Musalla Post Office, Al Fahidi Roundabout, Bur Dubai; e o Deira Post Office, Al Sabkha Road, perto da esquina com Baniyas Road. Cartas aéreas para a Europa, os Estados Unidos e a Austrália custam DH$ 3-3,50 (cartões-postais, DH$ 2); encomendas aéreas custam DH$ 45 para a Europa e DH$ 70 para os Estados Unidos e a Austrália, por pacotes de 500g a 1kg, ou DH$ 80-DH$ 130 por pacotes de 1kg-2kg. Não há facilidades de posta-restante em Dubai. Se você quiser receber correspondência, é melhor que seja enviada a seu hotel, claramente marcada com "hóspede do hotel", e avise a recepção.

Taxas e gorjetas As tarifas nos hotéis mais caros da cidade estão sujeitas a taxa de serviço de 10% e uma taxa adicional do governo de mais 10%; estas às vezes estão incluídas nos preços listados, às vezes não. Verifique antes, ou poderá ter uma surpresa desagradável ao descobrir que sua conta inchou 20%. Os preços na maioria dos restaurantes normalmente incluem taxa de serviço de 10% (mas esta não vai necessariamente para os garçons). Se você quiser deixar uma gorjeta extra, fica a seu critério, mas não é obrigatória.

Hora GMT mais 6 horas.

Vistos Brasileiros devem entrar em contato com o hotel onde irão se hospedar, fazer a reserva e o próprio hotel enviará o formulário de pedido de visto. Este deve ser devolvido para o hotel com a cópia das primeiras páginas do passaporte, por fax ou e-mail. Guarde uma cópia do formulário com você e retire seu visto no aeroporto quando chegar.

Naturais de todos os países da Europa ocidental (menos Chipre e Malta), dos Estados Unidos, Canadá, Austrália e Nova Zelândia recebem ao chegar um visto grátis de 60 dias. Você precisa ter um passaporte válido por pelo menos seis meses após a data de entrada. Cidadãos israelenses não têm permissão para entrar nos EAU. Para mais informações, visite Ⓦwww.dubaitourism.ae e clique no link "Visa Regulations".

Esportes aquáticos Há facilidades para esportes aquáticos em todos os hotéis à beira-mar. Ofertas típicas incluem vela, windsurfe, caiaque, banana boat, wakeboarding e pesca em alto-mar. O Dubai International Marine Club (Ⓦwww.dimc-uae.com), vizinho ao hotel Meridien Mina Seyahi, organiza diversos tipos de competições de barcos ao longo do ano, incluindo remo, vela e a tradicional corrida de *dhows*.

Cronologia

Cronologia

c. 5000 a.C. ▸ Primeiros assentamentos humanos no sul do Golfo.

500-600 ▸ Extensos assentamentos na área de Jumeirah, no sul de Dubai; a região dos EAU faz parte de uma grande rede de comércio dominada por marinheiros sassânidas (persas).

c. 630 ▸ Chegada do islamismo. A dinastia islâmica Umayyad suplanta os sassânidas como força principal na região. Depois da mudança do califado islâmico de Damasco para Bagdá, em 751, a região sul do Golfo experimenta um grande florescimento do comércio marítimo.

1580 ▸ Primeira referência européia a Dubai, pelo comerciante de pérolas veneziano Gaspero Balbi.

1820 ▸ O governante de Dubai, Mohammed bin Hazza, assina o primeiro acordo com os britânicos, recebendo proteção militar contra os poderosos emirados vizinhos de Abu Dhabi e Qawasim (que atualmente ocupa o norte dos EAU e Omã).

1833 ▸ Cerca de 800 pessoas da Al Bu Falasah, um ramo da tribo de Bani Yasi, de Abu Dhabi, chegam a Dubai e tomam o poder sob a liderança de Maktoum bin Butti, ancestral da atual família reinante Maktoum.

1841 ▸ Começa o assentamento em Deira. Na década seguinte, a cidade cresce rapidamente; em meados do século 19 há cerca de 350 lojas em Deira e uma população cosmopolita de árabes, persas, indianos e paquistaneses.

1892 ▸ Os britânicos estendem seu poder na região através de uma série de tratados exclusivos, ou "tréguas", criando os Estados da Trégua, precursores dos EAU modernos.

1894 ▸ Negociantes estrangeiros recebem total isenção fiscal em Dubai, o que passa a desviar o comércio das vizinhas Sharjah e Pérsia. Diversos mercadores persas começam a chegar à cidade, estabelecendo-se em Bastakia.

1930 em diante ▸ Colapso gradual do comércio de pérolas depois da descoberta pelos japoneses do cultivo de pérolas artificiais. O comércio, os negócios de importação-exportação e o contrabando tornam-se cada vez mais importantes.

1939 ▸ O xeque Rashid toma o poder de seu pai doente e torna-se o governante de fato de Dubai (mas só é nomeado oficialmente depois da morte do pai, em 1958). O Creek é escavado e são feitas melhorias para abri-lo à navegação e ao comércio; Dubai torna-se um importante entreposto regional.

1958 ▸ O xeque Rashid torna-se governante oficial de Dubai. Enormes reservas de petróleo são encontradas em Abu Dhabi.

1960 ▸ Inauguração do Aeroporto Internacional de Dubai.

1966 ▸ Descoberta de petróleo em Dubai, mas em menor quantidade que em Abu Dhabi.

1967 ▸ Os britânicos anunciam sua intenção de deixar a região; realizam-se discussões entre os sete Estados da Trégua, Qatar e Bahrein sobre a formação de um país unido depois da retirada.

1971 ▸ Retirada britânica dos Estados da Trégua, que são reformados como Emirados Árabes Unidos (mas sem Bahrein e Qatar).

Anos 1970 e 1980 ▸ As receitas do petróleo são usadas para diversificar a base industrial de Dubai e criar projetos maciços de infra-estrutura, como o enorme porto de Jebel Ali e a Zona Livre (inaugurada em 1983) no sul de Dubai e o World Trade Centre (1979). A população da cidade no fim dos anos 1980 tinha chegado a mais de 500 mil, um aumento de 50 vezes em menos de 40 anos.

1985 ▸ A criação da companhia aérea Emirates, baseada em Dubai, indica uma crescente ênfase para o turismo nos planos econômicos da cidade.

1990 ▸ Morre o xeque Rashid; o xeque Maktoum torna-se o governante de Dubai, mas o xeque Mohammed (nomeado príncipe herdeiro de Dubai em 1995) também exerce crescente influência sobre o desenvolvimento econômico agressivo da cidade.

1996 ▸ O Festival de Compras de Dubai é realizado pela primeira vez.

1998 ▸ Inauguração do Burj Al Arab.

2006 ▸ Morte do xeque Maktoum; o xeque Mohammed torna-se governante de Dubai.

Idioma

Idioma

A língua em Dubai é tão complexa quanto a colcha de retalhos étnica que constitui a população da cidade. Como parte dos Emirados Árabes Unidos, o idioma oficial de Dubai é o árabe, falado por quase um terço da população, incluindo emirenses, outros árabes do Golfo e vários imigrantes de países como Líbano, Síria, Jordânia e outros. O hindi e o urdu são as línguas maternas de muitos do enorme número de imigrantes indianos e paquistaneses, embora outros idiomas indianos, notadamente o malaiala, a língua nativa de Kerala, assim como o tâmil e o cingalês (a língua da maioria da população de Sri Lanka), também sejam muito falados. Outras línguas asiáticas são igualmente comuns, principalmente o tagalo (das Filipinas), a primeira língua da grande comunidade filipina na cidade.

Na prática, a língua mais amplamente compreendida em Dubai é na verdade a inglesa, embora a maioria das pessoas a fale como segundo ou terceiro idioma. O inglês serve de ligação entre todos os diversos grupos étnicos da cidade, assim como é a principal língua da comunidade européia residente e dos setores de turismo e negócios. Quase todo mundo em Dubai fala pelo menos um pouco de inglês (ironicamente, até os emirenses hoje são obrigados a adotar essa língua estrangeira em muitos de seus negócios diários na cidade).

Conhecer a origem étnica da pessoa com quem você está falando é o mais importante a fazer se você quiser se comunicar em uma língua estrangeira – falar árabe com um motorista de táxi indiano ou uma garçonete filipina é evidentemente uma perda de tempo. A conclusão é que poucas das pessoas com quem você, como turista, entrará em contato em Dubai serão falantes de árabe, exceto nos restaurantes levantinos da cidade. E, a menos que você seja muito fluente, tentar falar árabe (ou qualquer outra língua) em Dubai é mais um exercício de diplomacia do que uma tentativa séria de se comunicar, pois seu interlocutor quase certamente falará melhor inglês do que você fala árabe (ou hindi, ou qualquer outro idioma). Apesar disso, não custa tentar, e seu interlocutor poderá achar graça nas suas tentativas de abordá-lo em sua própria língua.

Fora de Dubai a situação é um pouco diferente. O inglês é muito menos falado fora da cidade, e um conhecimento básico de árabe pode ser muito útil em lugares como Sharjah e Al Ain – mas, ao mesmo tempo, as populações substanciais de indianos e paquistaneses nessas cidades provavelmente falarão inglês e não árabe como segunda língua.

Palavras e frases úteis em árabe

Olá (formal)	A'salaam alaykum (resposta: Wa alaykum a'salaam)
Olá (informal)	Marhaba/ahlan wasahlan/Ya hala
Até logo	Ma'assalama/Fi aman allah
Sim	Na'am/Aiwa
Não	La
Por favor (para um homem)	Minfadlack
Por favor (para uma mulher)	Minfadlick
Obrigado	Shukran
De nada	Afwan
Desculpe	Muta'assef/Assef
Quanto custa?	Bikaim?
Você fala inglês?	ingelezi?
Eu não falo árabe	Ma ah'ki arabi
Não entendo	Ma fahemt
Meu nome é ...	Ismi . . .
Como você se chama?	Sho ismak?
Se Deus quiser	inshallah

Números	
1	wahid
2	ithnayn
3	theletha
4	arba'a
5	khamsa
6	sitta
7	saba'a
8	themanya
9	tissa
10	ashra

Para entender cardápios no Oriente Médio

A refeição tradicional no Oriente Médio consiste em uma variedade de pequenos pratos conhecidos como *mezze* (ou *meze*) – parecidos com os tapas espanhóis –, que são divididos entre vários convivas. A maioria ou todos os seguintes pratos, molhos e ingredientes são encontrados nos melhores restaurantes e cafés levantinos (ou "libaneses", como geralmente são chamados) de Dubai, mas as sutilezas da transliteração da escrita árabe para a inglesa podem resultar em variações de grafia consideráveis.

baba ghanouj molho para todos os fins, feito de berinjela assada misturada com ingredientes como tomate, cebola, suco de limão e alho

burghul trigo integral moído, muitas vezes usado como ingrediente em pratos levantinos como tabule

falafel bolas fritas de massa de grão-de-bico com especiarias, geralmente servidas com pão e salada

fatayer pequenas massas triangulares, geralmente recheadas de queijo ou espinafre

fatteh pratos que contêm pedaços de pão frito ou assado

fattoush salada de tomates, pepino, alface e hortelã misturados com pedacinhos crocantes de pão frito

foul madamas molho cremoso feito de favas (*foul*) misturadas com suco de limão, pimentão e azeite de oliva

jebne queijo branco

halloumi queijo grelhado

hammour peixe comum no Golfo e nos cardápios locais; parece bacalhau

humous grão-de-bico amassado com tahini, alho e limão; servido como acompanhamento e comido com tudo, de pão e legumes a pratos de carne

kibbeh bolinhos ovais fritos, de carne de cordeiro moída misturada com trigo integral e especiarias
labneh iogurte árabe espesso e cremoso, geralmente temperado com alho ou hortelã
loubia salada de feijão verde com tomate e cebola
moutabal uma versão mais cremosa do baba ghanouj, engrossada com iogurte ou tahini
saj pão libanês redondo e fino
saj manakish pedaços de saj salpicados de ervas e azeite – uma espécie de minipizza levantina
shwarma kebab de frango ou cordeiro, cortado em tiras finas de um grande pedaço de carne assada num espeto vertical (como o doner kebab turco) e servido envolto em pão saj com salada
shisha narguilé (também conhecido como hubbly-bubbly). O tabaco é filtrado através do recipiente com água na base do cachimbo, por isso fica muito mais suave (e menos nocivo) que os cigarros normais. O tabaco é fornecido puro ou em diversos sabores; os melhores cafés de shisha podem ter até 20 variedades.
shish taouk kebab de frango básico, com pedacinhos de carne grelhada no espeto
tabouleh mistura de tomate e hortelã picados bem fino, com trigo integral
tahini pasta feita de grãos de gergelim
waraq aynab folhas de parreira recheadas com uma mistura de arroz e carne
zaatar tempero muito usado, feito de uma mistura de tomilho seco (ou orégano), sal e sementes de gergelim
zatoon azeitonas

Glossário

abbeya túnica feminina tradicional, preta e longa
abra pequeno barco usado para transportar passageiros através do Creek
barasti palha de palmeira usada para construir casas tradicionais
bahar mar
bayt/bait casa
burj torre
dar casa (em sentido figurativo, "mundo")
dhow termo genérico usado para todo tipo de barcos árabes de madeira
Eid Al Fitr festa que comemora o fim do Ramadã
falaj técnica de irrigação tradicional usada nas plantações de tâmaras, com água retirada do subsolo profundo e levada até seu destino em pequenos canais na terra
ghutra pano de cabeça masculino, geralmente branco ou xadrez vermelho e branco
haj peregrinação a Meca
iftar fim do jejum depois do anoitecer, durante o Ramadã
iqal cordões usados para firmar o ghutra na cabeça (usados também para amarrar as pernas dos camelos para que não fujam)
jebel monte ou montanha
kandoura a túnica longa tradicional usada pelos árabes do Golfo (também conhecida como dishdashas)
khanjar adaga curva tradicional, geralmente de prata
Al Khor o Creek
Al Khaleej o Golfo (traduzido localmente como golfo Arábico, e nunca como golfo Pérsico)
majlis sala de reunião ou recepção em uma casa árabe tradicional; o lugar onde problemas familiares e locais eram discutidos e se tomavam decisões
mina porto
nakheel palmeira
oud alaúde
qasr palácio ou castelo
qibla a direção de Meca, geralmente indicada por uma placa ou adesivo na maioria dos quartos de hotel (e nas mesquitas por um nicho em recesso conhecido como mihrab)
Ramadan veja pág.190
shayla lenço de cabeça preto para mulheres, usado com uma abbeya
wadi leito ou vale seco de rio

Créditos e Índice

Um guia rudimentar para os Rough Guides

No verão de 1981, Mark Ellingham, um recém-formado da Universidade de Bristol, estava viajando pela Grécia e não conseguia encontrar um guia que realmente atendesse às suas necessidades. Mark e um pequeno grupo de escritores decidiram criar seu próprio guia de viagens, que pretendia fazer descrições em linguagem jornalística combinadas com uma extensiva abordagem prática para suprir as necessidades dos viajantes. Aquele primeiro Rough Guide foi um projeto estudantil que se tornou um fenômeno editorial. Atualmente os guias fornecem recomendações de hospedagens rústicas a luxuosas e cobrem centenas de destinos pelo globo, inclusive quase todos os países das Américas e da Europa, mais de metade da África e quase toda a Ásia e a Oceania. Milhões de leitores apreciam a perspicácia e a curiosidade dos guias, assim como sua abordagem crítica e entusiástica. Nossa crescente equipe de autores e fotógrafos está espalhada por todos os lugares.

Visite o site em inglês www.roughguides.com para conhecer as mais recentes publicações dos Rough Guides.

Imagens estão disponíveis para licenciamento comercial em www.roughguidespictures.com

Expediente

Traduzido a partir da edição original do Rough Guide Directions Dubai (1ª edição) publicada por Rough Guides Ltd, 80 Strand, London WC2R 0RL.

ISBN 978-85-7402-839-2

PUBLIFOLHA
Divisão de Publicações da
Empresa Folha da Manhã S.A.
Al. Barão de Limeira, 401, 6º andar,
CEP 01202-900, São Paulo, SP
Tel.: (11) 3224-2186/2187/2197
www.publifolha.com.br

Coordenação do projeto:
PUBLIFOLHA
Assistência Editorial: Camila Saraiva
Produção gráfica: Soraia Pauli Scarpa

Produção editorial:
Editora Página Viva
Tradução: Thaïs Costa e
Luiz Roberto Gonçalves
Edição: Adriana Cerello
Revisão: Felice Morabito
e Claudia Morato
Editoração eletrônica: Priscylla Cabral
e Douglas Squaris

Este livro foi impresso na Lis Gráfica em novembro de 2007 sobre papel couché fosco 115 g/m²

ROUGH GUIDES
Edição: Ruth Blackmore
Projeto gráfico da coleção: Ajay Verma
Fotografias: Gavin Thomas
Cartografia: Ed Wright
Pesquisa iconográfica: Jj Luck
Revisão: Amanda Jones
Produção: Aimee Hampson
Projeto gráfico: Henry Iles
Capa: Chlöe Roberts

Dados Internacionais de Catalogação na Publicação (CIP)
(Câmara Brasileira do Livro, SP, Brasil)

Thomas, Gavin
Dubai – O Guia da Viagem Perfeita / escrito e pesquisado por Gavin Thomas ; [tradução Thaïs Costa e Luiz Roberto Gonçalves]. – São Paulo : Publifolha, 2007. – (Rough Guide Directions)

Título original: Directions Dubai.
ISBN 978-85-7402-839-2

1. Dubai – Guias de viagem 2. Dubai (cidade) – Descrição – Guias I. Título. II. Série.

07-8927 CDD-915.357

Índices para catálogo sistemático:
1. Dubai : Emirados Árabes Unidos : Cidade : Descrição : Guias 915.357
2. Guias : Dubai : Emirados Árabes Unidos : Cidade : Descrição : 915.357

Foi feito o possível para garantir que as informações deste livro fossem as mais atualizadas disponíveis até o momento da impressão. No entanto, alguns dados como telefones, preços, horários de funcionamento e informações de viagem estão sujeitos a mudanças. Os editores não podem se responsabilizar por qualquer conseqüência do uso deste guia, nem garantir a validade das informações contidas nos sites indicados.

Os leitores interessados em fazer sugestões ou comunicar eventuais correções podem escrever para a Publifolha, Al. Barão de Limeira, 401, 6º andar, CEP 01202-900, São Paulo, SP, enviar um fax para: (11) 3224-2163 ou um e-mail para: atendimento@publifolha.com.br

O autor

Gavin Thomas trabalha para a Rough Guides como autor e editor desde 1998; ele também é o autor de *Rough Guide to Sri Lanka* e co-autor de *Rough Guide to Rajasthan, Delhi and Agra*. Sua primeira experiência em Dubai foi durante uma escala imprevista de seis horas no aeroporto, que o impressionou tanto que ele decidiu voltar – a única vez que ele teve uma relação duradoura com uma grande cidade devido a suas instalações de free-shop. Ele espera um dia poder caminhar pela Al Fahidi Street sem que lhe ofereçam um relógio falso, e dizer alguma coisa em árabe que alguém realmente entenda.

Agradecimentos

Muito obrigado a minha editora, Ruth Blackmore, por tornar toda a experiência mais delicada que um garçom do Burj Al Arab; a Jj Luck por vasculhar pacientemente uma carga de camelo de fotografias; a Ed Wright por mapas mais precisos que indicações de um Karama; e, como sempre, a Martin e Kate por me colocarem no avião. Obrigado também a Matthew Teller; Sofian Hijawi, Qais Saleh, Hamad bin Mejren; Lejla Charif de Jumeirah (que mostrou a todos os outros RPs de Dubai como se devia fazer); e, é claro, a Allison, por me deixar ir, em primeiro lugar, e depois por vir pessoalmente me mostrar como se deve fazer compras.

Crédito das fotos

Todas as imagens © Rough Guides, exceto as seguintes:

p.36 Dubai Rugby Sevens no Gulf Emirate's Exiles Rugby Ground © KAMAL MOGHRABI/AFP/Getty Images.

p.36 Dubai World Cup © 2006 Dubai World Cup.

p.37 Dubai Desert Golf Classic © Ross Kinnaird/ Getty Images.

p.37 Roger Federer jogando com Ivan Ljubicic, da Croácia, durante o ATP Dubai Men's Duty Free © RABIH MOGHRABI/AFP/Getty Images.

p.37 UAE Desert Challenge © UAE Desert Challenge.

p.39 Observação com snorkel © Al Boom Diving.

p.41 Bab Al Shams. Cortesia de Jumeirah Bab Al Shams Desert Resort & Spa.

p.41 Homem com falcão, Dubai, Emirados Árabes Unidos © Hugh Sitton/zefa/Corbis.

p.42 Dubailand, Autódromo © Governo de Dubai, Departamento de Turismo e Marketing Comercial.

p.42 Burj Dubai © Governo de Dubai, Departamento de Turismo e Marketing Comercial.

p.43 The Palm, Jebel Ali e The Palm, Deira © Governo de Dubai, Departamento de Turismo e Marketing Comercial.

p.43 The World © Governo de Dubai, Departamento de Turismo e Marketing Comercial.

p.43 Hydropolis © Governo de Dubai, Departamento de Turismo e Marketing Comercial.

Índice

Os mapas estão marcados em cor

a

b

c

s

t

u

v

w

x

Rough Guides
Informação segura, viagem tranqüila

Conheça os títulos publicados pela Publifolha

Rough Guides

Rough Guides Directions

Mapas Rough Guides

Guias de viagem para mais de 250 destinos, do Alasca ao Zimbábue.

Conheça também os títulos disponíveis em inglês.

www.roughguides.com